Marius Kouakou Kan

La nouvelle vie après la mort

Marius Kouakou Kan

La nouvelle vie après la mort

Est-il possible de vivre après la mort ?

Éditions Croix du Salut

Imprint

Cover image: www.ingimage.com

Publisher:
Éditions Croix du Salut
is a trademark of
International Book Market Service Ltd., member of OmniScriptum Publishing Group
17 Meldrum Street, Beau Bassin 71504, Mauritius

Printed at: see last page
ISBN: 978-613-7-36836-7

LA NOUVELLE VIE APRÈS LA MORT

Dédicace

Ce livre est dédié à tous les membres de la Fraternité Notre Dame d'Afrique et à tous ceux qui, dans le monde aident les défunts à trouver le chemin du paradis.

Avant-propos

Pourquoi est-il si difficile de parler de la mort ? La mort, un sujet qui dérange, un sujet qui fait peur. La plupart des Humains vivent comme s'ils ne devraient jamais mourir. Et pourtant, dès notre naissance, nous sommes destinés à mourir, qu'on soit riche ou pauvre, Européen, Asiatique ou Africain, la mort est un passage obligatoire et nous devons en parler sans avoir peur. L'ignorerserait faire la politique de l'autruche car le sujet nous concerne tous sans exception.

Dans certaines civilisations, la mort est l'occasion d'une grande fête, on se réjouit pour celui qui a enfin fini son temps sur terre et qui retourne vers son créateur. Nous devons arrêter de prendre un défunt pour une entité devenue dangereuse. Nous sommes tous composé d'un corps, d'une âme et d'un esprit, le défunt n'est rien d'autre que la personne que nous avons connue, avec qui nous avons mangé, chanté, dansé, passé de bon moment mais sans son corps physique qui le rendait visible nos yeux.

Bien souvent, ils cherchent à attirer notre attention pour plusieurs raisons, ils veulent nous parler de ce qu'est l'après mort, de l'endroit où ils se trouvent, de ce qu'ils sont devenus afin de mettre la lumière sur les fausses croyances auxquelles nous avons adhérés et auxquelles ils ont eux même adhérés durant leur passage dans le monde visible. Aussi, ils veulent régler certaines choses qu'ils n'ont pas eu le temps de régler. Devenu esprit, ils savent lire nos pensées, ils voient nos émotions et bien souvent ils savent que nous avons quelque chose sur le cœur et ils cherchent à nous faire comprendre d'une manière ou d'une autre qu'ils nous pardonnent.

« *En ce même instant, Jésus tressaillit de joie en son esprit et dit : Je te loue, ô Père, Seigneur du ciel et de la terre, de ce que tu as caché ces choses aux sages et aux intelligents, et de ce que tu les as révélées aux enfants ! Oui, ô Père, cela est ainsi, parce que tu l'as trouvé bon !* »Luc10,21.

Merci Seigneur, de nous révéler ses vérités cachées aux intelligents et aux sages. Que ce livre aide des milliers de personnes à comprendre ce qu'est la vie après la mort.

Sommaire

Introduction

«*Israelites, voyez : Aujourd'hui je place devant vous la vie et le bonheur d'une part, la mort et le malheur d'autre part. Prêtez donc attention aux commandements que je vous communique aujourd'hui : acceptez d'aimer le seigneur votre Dieu, de suivre le chemin qu'il vous trace, d'obéir à ses commandements, à ses lois et à ses règles ; alors vous pourrez vivre, vous deviendrez nombreux, et le Seigneur vous comblera de bienfaits dans le pays dont vous allez prendre possession. Mais si vous vous détournez de lui, si vous lui désobéissez, si vous vous laissez entraîner à adorer et servir d'autres dieux, vous disparaitrez compétemment, je vous en préviens dès aujourd'hui ; vous ne resterez pas longtemps dans le pays dont vous allez prendre possession au-delà du Jourdain.Oui, je vous avertis solennellement aujourd'hui, le ciel et la terre m'en sont témoin : je place devant vous la vie et la bénédiction d'une part, la mort et la malédiction d'autre part. Choisissez donc la vie, afin que vous puissiez vivre, vous et vos descendants. Aimez le Seigneur votre Dieu, obéissez-lui, restez-lui fidèlement attachés : c'est ainsi que vous pourrez vivre et passer de nombreuses années dans le pays que le Seigneur a promis de donner à vos ancêtres Abraham, Isaac et Jacob*»Deutéronome 30,15-20.

Deux chemins seulement s'ouvrent devant Israël comme ils s'ouvrent devant vous, l'un mène au bonheur et à la vie ; il consiste à aimer l'Éternel, à écouter sa voix, à s'attacher à lui. Tel est le secret d'une vie heureuse sur la terre. L'autre chemin, plein d'attrait peut-être au départ, conduit infailliblement au malheur et à la mort, et il nous appartient de faire un choix. Moïse est âgé de cent vingt(120) ans, Lui aussi avait choisiquatre-vingt (80) ans plus tôt. Il avait refusé les honneurs, les richesses et les plaisirs de la cour du Pharaon, préférant être « dans l'affliction avec le peuple de Dieu » et partager « l'opprobre du Christ »Héb 11,24 29. Dans la certitude qu'il ne s'était pas trompé, il peut exhorter à présent Israël et au travers d'Israël exhortertous ceux qui de nos jours ne se sont pas encore décidés : « Regarde... choisis la vie ».

L'homme nait, grandit, finit son pèlerinage sur la terre et meurt. Cette durée de la naissance à la mort constitue sa vie. En tant que créature,l'homme bénéficie de la part de son créateur, d'une certaine liberté qui le rend responsable de ses décisions, responsable de ses choix, responsable de ses actes, responsable de sa vie. Il a donc la possibilité et le privilège de choisir entre le bien et le mal, entre la vie et la mort. Ce choix entre la vie et la mort doit être fait avec beaucoup de sérieux car il s'agit de l'ultime choix qui le guidera après son pèlerinage sur la terre dans l'autre monde.

Avec la naissance, la maladie et la vieillesse, la mort est définie comme l'une des quatre souffrances fondamentales que chacun doit affronter. Qu'on soit riche ou pauvre, grand ou petit,blanc, noir ou jaune,La mort est inévitable, toute tentative de l'ignorer nous condamne à un mode de vie superficiel. Une conscience claire et une compréhension correcte de la nature de la mort peuvent nous permettre de vivre sans crainte, avec vigueur, avec tout le bonheur possible et de manière significative.

Que ce soit de vieillesse, de maladie ou de mort violente, le corps physique s'éteint. Il n'y a plus aucune énergie à l'intérieur. L'âme du décédé se libère et doit quitter le corps pour poursuivre son chemin dans l'au-delà. C'est là que le corps se spiritualise, redevient parfait et se libère des souffrances du monde physique. A ce niveau des options se présentent en fonction du choix du mode de vit que nous avons fait :

1- Le paradis
2- Le purgatoire
3- L'enfer
4- L'errance

I- LE PARADIS

De tous temps, les hommes ont postulé l'existence d'une vie bienheureuse après la mort, pour les justes ou les héros. Mais l'incroyance nie ou doute de la survivance au-delà de la mort.

Pour l'église Catholique, le paradis céleste nous introduit dans la société des anges avant même la résurrection descorps et le jugement dernier. "Je te le dis en vérité, aujourd'hui tu seras avec moi dans le paradis" promet jésus à Dimas le bon larron.

Au paradis, nous serons et pour toujours "semblables à Dieu"que nous verrons face à face. Cette vie parfaite avec la sainte trinité, la vierge Marie, les anges et tous les bienheureux constitue le ciel. Ce lieu dépasse toute compréhension et toute représentation exacte. L'écriture n'emploie que des images pour nous le décrire. Le paradis se trouve au-dessus de tout ce que nous pouvons expérimenter ou imaginer. C'est la sainte demeure de Dieu et la demeure finale des êtres humains sauvé par le moyen de la foi en Jésus-Christ. En hébreux 11 ;16 on l'appelle aussi la cité céleste. C'est un lieu où l'amour, la joie, l'émerveillement et la paix ne cesseront jamais.

En fait, Il est tout à fait impossible de décrire les chefs-d'œuvre de la Cité de Dieu. Aucun langage ne peut l'exprimer, car ces merveilles dépassent les conceptions de l'entendement humain. Sur terre, nous demeurons dans une vallée de ténèbres et de larmes, réduits à imaginer ce qu'il y a après la mort et ce que nous allons trouver au Ciel. Et même si notre imagination est débordante, nous serons bien loin de la réalité.

De toutes les visions des Saints Pères qui nous soient connues, la vision du Paradis la plus vivante et la plus détaillée est celle qui apparut à St. André le Fol en Christ, ce dernier contempla en effet surnaturellement le Paradis invisible pendant deux semaines. Il confia cette vision à Nicéphore, homme à qui il confiait ses secrets. Voici ce qu'il lui dit : « Je vis que j'étais dans un jardin beau et tout à fait merveilleux... Mon esprit était exalté et je pensais : qu'est ceci ? Je sais que je vis à Constantinople, comment puis-je être ici ? Je ne puis comprendre. J'étais vraiment étonné et je ne savais si j'étais dans mon corps ou bien hors de mon corps ; Dieu seul le sait ! Mais je me voyais vêtu d'un vêtement très léger qui semblait être fait d'éclairs de lumière tissés, sur ma tête était une couronne faite de grandes fleurs et j'étais ceint d'une ceinture digne d'un roi. Je me réjouissais de cette beauté, m'en émerveillais intérieurement et je me réjouissais en mon cœur de la douceur du Paradis de Dieu tandis que je le foulais de mes pieds.Je vis de nombreux jardins avec de grands arbres agréables à voir dont les cimes se balançaient, leurs branches diffusaient un parfum merveilleux. Certains de ces arbres étaient perpétuellement en fleurs, d'autres étaient couverts de feuilles d'or, d'autres encore portaient des fruits d'une beauté et d'une douceur indicibles. Il est impossible de comparer ces arbres avec ceux qui poussent sur terre car c'était la main de Dieu et non celle de l'homme qui les avait plantés. Il y avait des myriades d'oiseaux dans ces jardins. Certains étaient perchés sur les branches des arbres et chantaient magnifiquement, d'une manière tellement belle que je ne me souvenais plus qui j'étais tant mon cœur en était touché. Il me semblait que leur chant atteignait le sommet même du Paradis. Ces magnifiques jardins poussaient en rangs comme des armées alignées l'une à côté de l'autre. Tandis que je marchais là et sentais mon cœur s'exalter, je vis un grand fleuve qui coulait en leur mitan (milieu) et les irriguait. Sur l'autre rive, il y avait une vigne. Ses plants étaient couverts de feuilles d'or et de grandes grappes dorées. Des quatre points soufflaient des vents paisibles et fragrants et les jardins sous l'effet de la brise émettaient avec leurs feuilles bruissantes un son délicieux. »

St. André ne fut pas seulement emporté au Paradis, mais comme l'Apôtre Paul, il fut ravi jusqu'au troisième ciel. Après son récit du Paradis, il poursuit... « Après cela, je fus effrayé et je sentis que j'étais plus haut que la surface des Cieux. Un jeune homme dont le visage était brillant comme le soleil marchait devant moi. Je le suivis. Je vis enfin une belle et grande Croix qui était en ses couleurs semblable à un arc-en-ciel. Autour d'elle se tenaient des chanteurs semblables à des flammes qui chantaient une hymne de louange au Seigneur crucifié. Le jeune homme qui me conduisait s'approcha de la Croix, l'embrassa et me fit signe de faire de même. Tandis que je m'exécutais, je fus rempli d'une douceur spirituelle indicible et je sentis une fragrance plus forte que celle du Paradis. Dépassant la Croix, en regardant vers le bas, je vis un abîme sous mes pieds, car il me semblait que je marchais sur l'air. Je fus effrayé et criai vers mon guide : 'J'ai peur de tomber dans l'abîme !' Il se tourna vers moi et dit : 'N'aie pas peur, nous devons aller plus haut'et il me donna la main. Tandis que je saisissais sa main, je vis que nous étions au-dessus du deuxième Ciel. Je vis là des hommes merveilleux et leur grande paix, la joie d'une fête perpétuelle qui est inexprimable dans la langue des hommes.

Après cela, nous entrâmes dans une merveilleuse flamme qui ne brûlait pas mais qui nous illumina. Je fus à nouveau effrayé et à nouveau il se tourna vers moi et me donna la main en disant : 'Nous devons monter au troisième Ciel et plus haut encore.' Après cette parole, nous étions déjà au-dessus du troisième Ciel et j'entendis de nombreuses puissances célestes qui chantaient et louaient Dieu. Nous approchâmes d'un rideau qui brillait comme l'éclair. Devant lui se tenaient de grands jeunes gens qui brillaient comme des flammes de feu. Leurs visages brillaient plus encore que le soleil, et dans leurs mains ils tenaient des armes flamboyantes. Ils étaient entourés d'une multitude d'hôtes célestes. Le jeune homme qui me conduisait me dit : 'Quand le rideau sera levé, tu verras le Seigneur Christ, incline-toi devant le trône de sa gloire. Quand j'entendis ceci, je tremblai de joie. L'horreur, mais aussi un bonheur inexplicable m'envahit. Je me tins là, fixant le rideau. Une main flamboyante l'écarta et je vis mon Seigneur comme le Prophète Isaïe le vit un jour, assis sur un trône élevé, entouré de séraphins. Il était vêtu de pourpre, son visage brillait d'une lumière indicible. Avec grand amour, il tourna ses yeux vers moi. Quand je Le vis, je tombai à genoux devant Lui et me prosternai devant le trône radieux et terrifiant de Sa gloire. Il est impossible de dire quelle grande joie me remplit quand je vis son visage. Même à présent, tandis que je me souviens de cette vision, je suis rempli d'une indescriptible douceur. Je gisais devant le Seigneur, tremblant et étonné de sa miséricorde : comment pouvait-Il me permettre, à moi, homme impur et pécheur, de venir devant lui et de contempler sa divine beauté ? J'étais empli d'une grande tendresse mais aussi de la conscience de mon indignité. Tandis que je contemplais la grandeur de mon Seigneur, je me répétais les paroles du Prophète Isaïe : 'Alors je dis : Malheur à moi ! je suis perdu, car je suis un homme dont les lèvres sont impures, j'habite au milieu d'un peuple dont les lèvres sont impures, et mes yeux ont vu le Roi, l'Éternel des armées.' (Isaïe 6, 5). Puis j'entendis mon créateur miséricordieux me dire avec ses très pures et douces lèvres trois paroles divines qui remplirent mon cœur d'une telle douceur et m'enflamma d'un tel amour pour Lui que je me sentis fondre comme de la cire avec la chaleur de mon esprit ; les paroles de David me vinrent à l'esprit : 'mon cœur est comme de la cire, il se fond dans mes entrailles.' (Ps 22, 14). Alors tous les hôtes célestes entonnèrent une hymne merveilleuse impossible à décrire. Puis, je ne sais comment, je me retrouvai marchant à nouveau. La pensée me vint que je n'avais pas vu la souveraine et très Sainte Mère de Dieu. Alors je vis un homme léger comme un nuage qui portait une croix. Il me dit : "Tu aurais aimé voir la très Sainte Reine des Hôtes célestes ? Elle n'est point ici à présent. Elle est allée dans ce monde troublé afin d'aider les hommes et de réconforter ceux qui sont dans l'affliction. J'aimerais te montrer sa sainte demeure, mais le temps est compté... Tu dois retourner à l'endroit d'où tu es venu. Ainsi l'ordonne le Seigneur".A ces paroles, je me retrouvai dans le même lieu où j'étais avant ma vision.

« *Il y a plusieurs demeures dans la maison de mon Père. Si cela n'était pas, je vous l'aurais dit. Je vais vous préparer une place. Et, lorsque je m'en serai allé et que je vous aurai préparé une place, je reviendrai, et je vous prendrai avec moi, afin que la ou je suis vous y soyez aussi. Vous savez où je vais et vous en savez le chemin* » (Jean 14,2-4). « *Si quelqu'un me sert, qu'il me suive, et là ou je suis, là aussi sera mon serviteur. Si quelqu'un me sert, le père l'honorera* » (Jean 12,26). « *Vous savez où je vais et vous en savez le chemin* »(Jean 14,4). « *Je ne vous laisserai pas orphelins, je viendrai à vous* » (Jean 14,18).

"Dans la maison de mon Père, beaucoup peuvent trouver leur demeure", Il y a beaucoup de demeures dans la maison du Père, nous savons que l'adverbe «

beaucoup » dans la pensée biblique signifie une totalité. De même que le pardon que Jésus demande de donner 70 fois 7 fois est également le signe d'une totalité, de toujours. Ainsi, beaucoup de demeures signifient que la maison de Dieu peut recevoir la totalité des hommes et des femmes de ce monde. Personne n'est exclu de l'amour infini qu'est Dieu. Chacun de nous est unique et précieux pour Dieu.

Dieu ne peut pas nous tromper, Il tient toujours ses promesses. Nous ne pouvons que nous réjouir et lui faire entièrement confiance car «*Dieu n'est pas un homme pour mentir, il n'est pas un être humain pour changer d'opinion. Il n'affirme jamais rien sans tenir parole, ce qu'il promet, il le réalise*» Nombres 23,19. Il est le Dieu créateur du ciel et de la terre, digne de confiance c'est pourquoi l'Ecriture sainte affirme : « le seigneur, qui est la Gloire*d'Israël, ne ment pas et ne change pas d'avis comme un homme* » 1Samuel15, 29.

Parfois nous avons la tentation de désespérer de nous-mêmes et de Dieu. Comment Dieu peut-il accorder une telle place au pauvre homme que je suis, accueillir même ceux qui le rejettent ou qui le trahissent ? Sachez que tous les hommes sont invités à prendre place dans cette maison de l'amour. Personne n'a le droit de réduire à quelques-uns l'accueil dans la maison de Dieu. De quel droit pouvons-nous dire que tel ou tel n'est pas digne ou ne doit pas participer à la vie de Dieu. Nos critères humains ne peuvent pas définir ceux que Dieu accueille chez lui.

II- LE PURGATOIRE

Ceux qui meurent dans la grâce et l'amitié de Dieu, mais imparfaitement purifiés, bien qu'assurés de leur salut éternel, souffrent après leur mort d'une purification afin d'obtenir la sainteté nécessaire pour entrer dans la joie du ciel. L'église appelle Purgatoire cette purification finale des élus qui est tout à fait distinct du châtiment des damnés. L'église a formulé la doctrine de la foi relative au purgatoire surtout aux Conciles de Florence et de Trente. La tradition de l'église faisant référence à certains textes de l'Ecriture1 Co 3,15 et 1Pierre 1,7. Ces textes parlent d'un feu purificateur. Pour ce qui est de certaines fautes légère, il faut croire qu'il existe avant le jugement un feu purificateur, selon ce qu'affirme celui qui est la vérité, en disant « *c'est pourquoi, je vous le déclare : les hommes pourront être pardonnés pour tout péché et pour tout insulte qu'ils prononcent ; mais celui qui insulte le Saint-Esprit ne recevra pas de pardon.L'homme qui dit une parole contre le fils de l'homme sera pardonné ; mais celui qui parle contre le Saint-Esprit ne sera pardonné ni dans le temps présent, ni dans le temps à venir* » Math12, 31-32. Dans cette sentence nous pouvons comprendre que certaines fautes peuvent être remises dans ce siècle-ci, mais certaines autres dans le siècle futur. Cet enseignement s'appuie aussi sur la pratique de la prière pour les défunts dont parle déjà la Sainte Ecriture : « *En outre, judas (Maccabées) était certain qu'une magnifique récompense est réservée à ceux qui meurent en demeurant attachés à Dieu et c'était là une conviction sainte, digne d'un fidèle ! Voilà pourquoi il fit ce sacrifice en faveur des morts, afin qu'ils soient pardonnés et libérés de leur faute* » 2 Macc12, 45. Dès les premiers temps, l'église a honoré la mémoire des défunts et offert des suffrages en leur faveur, en particulier le sacrifice eucharistique, afin que, purifiés, ils puissent parvenir à la vision béatifique de Dieu. L'église recommande aussi les aumônes, les indulgences et les œuvres de pénitence en faveur des défunts. Portons-leur secours et faisons-leur commémoration. Si les fils de Job ont été purifiés par le sacrifice de leur père (Job1, 5), pourquoi douterions-nous que nos offrandes pour les morts leur apportent quelque consolation ? N'hésitons pas à porter secours à ceux qui sont partis et à offrir nos prières pour eux.

Dans la citation du Concile de Trente, on voit des références à de nombreux endroits dans les Ecritures où un péché est pardonné sans que la peine soit entièrement remise. L'exemple deMoïse et Aarondoit être cité : « *Moïse leva le bras et frappa à deux reprises le rocher avec son bâton. Aussitôt de grandes quantités d'eau en jaillirent, et les israélites purent s'y désaltérer, de même que leurs troupeaux. Mais le seigneur dit à Moïse et à Aaron : " vous n'avez pas eu confiance en moi, vous n'avez pas laissé ma sainteté se manifester aux yeux des israélites ! Pour cette raison, ce n'est vous qui conduirez ce peuple dans le pays que je leur donne"* » Nombres 20 :11-12. Lorsque Moïse, par obéissance au commandement de Dieu, frappa le rocher pour y faire jaillir miraculeusement de l'eau, il y eut un certain niveau d'hésitation dans l'acte ou la manière dont lui et Aaron le présentèrent à la population. La faute de Moïse et d'Aaron, en cette occasion, fut la méfiance etla faiblesse dans leur foi ; ne doutant pas de la puissance de Dieu ou de la véracité, mais appréhendant l'indignité de ce peuple rebelle et incrédule, et parlant donc avec une certaine ambiguïté. En conséquence, Dieu dit à Moïse et Aaron que ce ne seraient pas eux qui emmèneraient le peuple vers la terre promise. Ce fut leur châtiment, même s'ils restaient en faveur de Dieu. Cette peine fut remplie. Josué et Caleb conduisirent le peuple jusqu'à la terre promise.

Sachez que rien de souillé n'entrera dans le Paradis. Ce genre de satisfaction pour la peine restante due aux péchés pardonnables se fait souvent sur terre par de bonnes œuvres et des prières, en souffrant des épreuves et des tribulations, et par une adhérence plus parfaite à la vraie Foi. Si une telle satisfaction n'est pas faite sur terre, elle est et doit se faire au Purgatoire en assumant que la personne meurt en état de grâce. Le livre de l'Apocalypse 21 ; 27 explique de façon très claire que rien de souillé n'entrera dans le Ciel. Il estaussi écrit : « *Recherchez la paix avec tous et la progression dans la sainteté, sans elle, personne ne verra le Seigneur* »Hébreux 12 ; 14.Or, il faut souligner que le Purgatoire n'est pas pour ceux qui meurent en état de péché mortel ou en dehors de la Vraie Foi. C'est seulement pour ceux qui meurent en état de grâce. C'est pour ceux qui meurent dans la grâce, mais qui n'ont pas satisfait pour la peine temporelle due à leurs péchés pardonnés, mortels ou véniels (des infractions légères contre Dieu), commis après le Baptême.
Les péchés mortels détruisent l'état de justification. C'est pourquoi Galates 5 ; 19-21, 1 Corinthiens 6 ; 9 et Ephésiens 5 ; 5-8 enseignent que les personnes qui commettent ces péchés mortels perdent leur "héritage" dans le Ciel. Des exemples de péchés mortels sont la fornication, le meurtre, l'ivrognerie, le mensonge, la tricherie, le vol, la fraude, la masturbation, regarder de la pornographie, donner le plein consentement aux pensées impures, l'homosexualité, l'hérésie, l'idolâtrie, violer les commandements de Dieu, etc.
Dans leur conscience, les gens savent qu'il y a une grande différence entre le meurtre et des choses comme des explosions de colère ou d'impatience injustifiées. Le premier est clairement un péché mortel, tandis que le second est un péché véniel. Les péchés véniels affaiblissent l'âme, et la rendent plus vulnérables au péché mortel. Les péchés mortels détruisent l'état de justification et mettent une personne dans un état de damnation. Voilà pourquoi on lit ceci : « *Si quelqu'un détruit le temple de Dieu, Dieu le détruira, car le temple de Dieu est saint, et c'est ce que vous êtes* » 1 Cor. 3 :17.

D'ailleurs le bon sens populaire dit : " on sait bien qu'on ne va pas au ciel comme ça ..." Qui peut estimer qu'il a toujours bien agi en toutes circonstances dans sa vie ?C'est l'histoire de cette femme, surprise en flagrant délit d'adultère, qu'on amène devant jésus. " Elle doit être lapidée selon la loi de Moïse, disent à Jésus ses accusateurs. Toi qu'en dis-tu ? Que celui d'entre vous qui est sans péché lui jette, le premier, une pierre ", leur répond jésus. Un instant de silence, lourd et pesant, puis, un à un, ils s'en vont, " en commençant par les plus âgés", commente l'auteur du récit évangélique. Dieu est amour et son royaume, " le paradis" est un royaume d'amour. La plupart d'entre nous auront besoin d'être purifiés, c'est à dire rendus compléments aptes à vivre cet amour. Plus de haine, plus de jalousie, plus de violence, plus d'hypocrisie, plus de rancœur ... Le bonheur n'a pas d'autre sens. Mais sommes-nous prêts, à la fin de notre vie, à entrer résolument dans cette lumière d'amour et de bonté que Dieu communique à tous les bienheureux ?

Pour ceux qui, à leur mort, se trouvent en condition d'ouvertureà Dieu mais de façon imparfaite, le chemin vers la pleine béatitude exige une purification que la foi de l'église illustre à travers la doctrine du purgatoire.

Parcourronsquelques lignes du Petit Journal de Sainte Faustine (Głogowiec, 25 août 1905 - Cracovie, 5 octobre 1938),apôtre de la divine Miséricorde à qui le seigneur a fait la grâce de vivre des expériences extraordinaires avec les âmes dupurgatoire.

Je vis mon ange gardien qui m'ordonna de le suivre. En un instant je me trouvai dans un endroit enfumé, rempli de flammes, où se trouvaient une multitude d'âmes souffrantes qui prient avec ferveur, mais sans efficacité pour elles-mêmes, nous seuls pouvons les aider. Les flammes qui les brûlaient ne me touchaient pas. Mon ange gardien ne me quittait pas un seul instant. Et je demandais à ces âmes, quelle était leur plus grande souffrance. Elles me répondirent d'un commun accord que c'était la nostalgie de Dieu. J'ai vu la Sainte Vierge, visitant les âmes au Purgatoire. Elles l'appellent "Etoile de la mer". Elle leur apporte du soulagement. Je voulais encore leur parler, mais mon ange gardien m'avait déjà donné le signal du départ. Nous sortions de cette prison de douleurs quand Dieu a dit : "Ma Miséricorde ne veut pas cela, mais la justice l'exige". Depuis ce moment je suis en relations plus étroites avec les âmes souffrantes.

Fin du postulat. 29 avril 1926. Mes supérieures m'envoyèrent à Cracovie, au noviciat. Une joie inconcevable inondait mon âme. Lorsque nous arrivâmes au noviciat, Sœur .... était mourante. Quelques jours plus tard elle vint vers moi et me pria d'aller chez la Mère Maîtresse pour lui dire qu'elle demande à son confesseur l'abbé Rospond de célébrer une messe et de prier trois ferventes oraisons à son intention. Tout d'abord j'acceptai ; mais le lendemain après réflexion, je résolu de ne pas me rendre chez la Mère Maîtresse, car je me demandais si je n'avais pas rêvé.

La veille du jour des Morts, je suis allée, à la nuit tombante, au cimetière qui était fermé. Cependant j'ai entrouvert la porte et j'ai dit : "Si vous attendez de moi quelque chose, mes petites âmes, je le ferai volontiers si la règle le permet". Alors j'ai entendu ces mots : "Fais ce que Dieu veut. Nous sommes heureuses dans la mesure où nous avons accompli la volonté de Dieu".Le soir, ces âmes sont venues et m'ont demandé de prier pour elles, ce que j'ai fait et, longuement. Et le soir, quand la procession revenait du cimetière, j'ai vu un grand nombre d'âmes qui nous accompagnaient à la chapelle. Il y en avait qui priaient avec nous. J'ai beaucoup prié, car j'avais la permission de mes supérieures.Pendant la nuit, je fus à nouveau visitée par une âme que j'avais déjà vue autrefois. Elle ne m'a pas demandé de prier pour elle, mais elle me fit des reproches disant qu'autrefois j'étais très vaniteuse et orgueilleuse. Et voilà que maintenant j'intercédais pour les autres, alors que j'avais encore des défauts. J'ai répondu que j'étais très orgueilleuse et vaniteuse ; mais que je m'en étais confessée, que j'avais fait pénitence pour ma stupidité, et que j'avais confiance en la bonté de mon Dieu. Si je tombais parfois maintenant, c'était plutôt involontairement, jamais avec préméditation, même dans les plus petites choses. Cependant cette âme se mit à me reprocher de méconnaître sa grandeur, universellement reconnue pour ses grandes actions : "Pourquoi es-tu la seule à ne pas me louer ?" Soudain, j'ai compris que c'était le démon sous l'aspect de cette âme, et j'ai dit : "La gloire n'est due qu'à Dieu. Va-t'en Satan !" Aussitôt cette âme tomba dans un gouffre effrayant, impossible à décrire. Et je lui ai dit que j'en parlerai à toute l'Eglise.

A un certain moment, une religieuse décédée qui était déjà venue me trouver plusieurs fois, m'est apparue. Quand je la vis pour la première fois, elle souffrait la torture, puis graduellement ses souffrances diminuèrent et cette fois, je la vis rayonnante de bonheur. Elle me dit qu'elle était déjà au Ciel, et alors je me dis que Dieu a éprouvé cette maison par la souffrance parce que la Mère Générale a éprouvé des doutes, comme si elle ne croyait pas ce que j'ai dit à cette âme. Comme signe qu'elle est seulement au Ciel, Dieu va bénir cette maison. Puis elle s'est approchée de moi et me serrant cordialement, elle m'a dit : "Je dois déjà partir". J'ai compris à quel point la communication est étroite entre les trois étapes de la vie de l'âme, c'est-à-dire : la terre, le Purgatoire et le Ciel.
Source : Petit Journal de Sœur Faustine

Les âmes du purgatoire souffrent de mille façons diverses, il y autant de sortes de purgatoire qu'il y a d'âmes. Chaque âme éprouve la nostalgie de Dieu et c'est bien la plus lancinante de toutes les douleurs. Une âme qui est dans le lieu de purification a une image si fulgurante de Dieu. Dieu lui apparait dans une beauté, une pureté si rayonnante, si aveuglante, que toutes les forces du ciel ne suffiraient pas à la faire mouvoir pour se présenter devant lui, tant qu'il subsiste en elle la moindre souillure. Seule une âme lumineuse, parfaite, ose aller à la rencontre de la lumière éternelle et de la perfection divine pour contempler Dieu face à face.

Le purgatoire ne doit pas être compris comme une troisième voie mais bien comme un instrument du salut, une « purification, afin d'obtenir la sainteté nécessaire pour entrer dans la joie du ciel ».

III- L'ENFER

L'Enfer sera peuplé par des personnes qui n'auront pas reçu le cadeau de la rédemption offert par Dieu en Christ «*puis je vis un grand trône blanc et celui qui y est assis. La terre et le ciel s'enfuirent loin de lui, et on ne les revit plus. Ensuite, je vis les morts, grands et petits, debout devant le trône. Des livres furent ouverts. Un autre livre encore fut ouvert, le livre de vie. Les morts furent jugés selon ce qu'ils avaient fait, d'après ce qui était écrit dans les livres. La mer rendit les morts qu'elle contenait. La mort et le monde des morts rendirent aussi les morts qu'ils gardaient. Et tous furent jugés selon ce qu'ils avaient fait. La mort et le monde des morts furent jetés dans le lac de feu. (Ce lac de feu est la seconde mort.) Quiconque n'avait pas son nom écrit dans le livre de vie fut jeté dans le lac de feu* »(apocalypse 20.11-15).

Contrairement à ce qu'on peut voir dans certaines bandes dessinées, l'Enfer ne ressemblera pas à un salon géant où les gens se raconteront, entre deux boissons, leurs aventures sur terre. Au contraire, ce sera un lieu de malheur absolu « *Ils les jetteront dans le feu de la fournaise où ils pleureront et grinceront des dents* »Matthieu 13.42 ; « *c'est là que vous pleurerez et grincerez des dents, quand vous verrez Abraham, Isaac, Jacob et tous les prophètes dans le royaume de Dieu et que vous serez jetés dehors !* » Luc 13.28. Ce sera un lieu de châtiment pour les péchés, où les damnés seront conscients et sans espoir de soulagement. À cause de la réalité de l'Enfer, nos cœurs devraient être brisés, nous devrions nous mettre à genoux et frapper aux portes de ceux qui vivent sans Jésus-Christ. Aujourd'hui pourtant, même pour de nombreux croyants dont la foi est fondée sur la Bible, l'Enfer est devenu un mot tabou rarement prononcé, un sujet rarement abordé. Il n'est même mentionné qu'exceptionnellement dans les brochures à visée évangélique.

Nous nions l'existence ou ignorons souvent l'enseignement clair de l'Écriture au sujet de l'Enfer. Comme si l'Enfer était disproportionné, comme s'il était le résultat d'une réaction divine excessive. Un professeur qui avait un jour participé à un ouvrage d'évangélisation a écrit : « Je considère que le concept de l'Enfer comme état de tourmente pour le corps et l'esprit est une doctrine scandaleuse… Comment un Chrétien peut-il imaginer qu'une divinité puisse infliger à ses créatures, aussi pécheresses soient-elles, une torture éternelle avec une telle cruauté et une telle envie de vengeance ? Un Dieu qui agirait de la sorte ressemble plus à Satan qu'à Dieu. »

Beaucoup de gens pensent que nier l'existence d'un Enfer éternel est un acte de civilisation, d'humanité et de compassion. Mais en réalité, c'est une pensée arrogante. Les créatures que nous sommes se targuent alors d'une moralité supérieure et nous osons nous opposer à ce que Dieu, le Créateur a clairement révélé.Nous ne voulons pas croire que quiconque puisse mériter une punition éternelle, parce que si c'est le cas pour les autres, c'est aussi le cas pour nous. Mais si nous appréhendions bien la nature de Dieu et la nôtre, ce qui nous choquerait ce n'est pas que certaines personnes puissent aller en Enfer (où les pécheurs iraient-ils ?), mais que toutes soient autorisées à entrer dans le Paradis.

Nous ne sommes pas saints et pour cette raison, nous ne devons pas nous autoriser à penser qu'une sainteté infinie ne requiert pas un châtiment éternel. Lorsque nous nions le caractère infini de l'Enfer, nous minimisons l'œuvre de Jésus-Christ sur la croix parce que ce faisant nous minimisons les enjeux de la rédemption. Si la crucifixion et la résurrection de Jésus-Christ ne nous délivrent pas d'une éternité en Enfer, son œuvre à la croix est moins héroïque, moins puissante. Elle a moins de conséquences et se retrouve donc moins digne de notre adoration et de nos louanges.

Beaucoup de livres nient l'existence de l'Enfer. Quelques-uns traitent de l'universalisme, une croyance selon laquelle tous les humains seront sauvés. Certains considèrent que l'Enfer est une invention de prophètes extravagants, obsédés par la colère. Ils prétendent que les Chrétiens devraient emprunter une voie plus " élevée", celle de l'amour de Christ. Mais cette perspective néglige une réalité formidable dans la Bible, Jésus en dit plus que n'importe qui d'autre sur l'Enfer « *ne craignez pas ceux qui tuent le corps mais qui ne peuvent pas tuer l'âme ; craignez plutôt Dieu qui peut faire périr à la fois le corps et l'âme dans l'enfer* » Mathieu 10,28 ; « *si c'est a cause de ta main que tu tombes dans le péché , coup-là ; il vaut mieux pour toi entrer dans la vraie vie avec une seule main que de garder les deux mains et d'aller en enfer , dans le feu qui ne s'éteint pas .Là,où les vers qui rongent les corps ne meurent pas et le feu ne s'éteint jamais* » Marc 9,43-44.Il fait référence à un lieu réel et le décrit avec des termes concrets,il mentionne par exemple une fournaise ardente, un ver qui ne meurt jamais. Au sujet de ceux qui ne seront pas sauvés, Jésus-Christ dit : «ceux *qui devaient appartenir au Royaume seront jetés dehors, dans l'obscurité, où ils pleureront et grinceront des dents*» Mathieu 8,12.Dans la parabole de l'homme riche et de Lazare, Jésus enseigne qu'en Enfer, les méchants souffrent terriblement et qu'ils sont pleinement conscients. Ils conservent leurs désirs et leurs souvenirs, et ils raisonnent. Mais ils ne peuvent pas être réconfortés, ni abandonner leur tourment et sont privés d'espoir (Luc 16,19-31).Le Sauveur n'aurait pas pu dépeindre une image plus sombre ouplus graphique.

Sainte Thérèse d'Avila (1515-1583) expose comment le Seigneur voulut la transporter en esprit dans un endroit de l'enfer qu'elle avait mérité par ses péchés. Elle raconte sommairement ce qui lui fut présenté.

Depuis longtemps déjà le Seigneur m'avait accordé un grand nombre des grâces dont j'ai parlé, et d'autres encore fort élevées, quand, un jour, étant en oraison, il sembla que je me trouvais subitement, sans savoir comment, transportée tout entière en enfer. Le Seigneur, je le compris, voulait me montrer la place que les démons m'y avaient préparée et que j'avais méritée par mes péchés. Cette vision dura très peu ; mais alors même que je vivrais de longues années, il me serait, je crois, impossible d'en perdre jamais le souvenir.L'entrée me parut semblable à une ruelle très longue et très étroite, ou encore à un four extrêmement bas, obscur et resserré. Le fond était encore comme une eau fangeuse, très sale, infecte et remplie de reptiles venimeux. A l'extrémité se trouvait une cavité creusée dans une muraille en forme d'alcôve où je me vis placée très à l'étroit. Tout cela était délicieux à la vue, en comparaison de ce que je sentis alors,car je suis loin d'en avoir fait une description suffisante.

Quant à la souffrance que j'endurai dans ce réduit, il me semble impossible d'en donner la moindre idée, on ne saurait jamais la comprendre. Je sentis dans mon âme un feu dont je suis impuissante à décrire la nature, tandis que mon corps passait par des tourments intolérables. J'avais cependant enduré dans ma vie de souffrances bien cruelles et de l'aveu des médecins, ce sont les plus grandes dont on puisse être affligé ici-bas, car tous les nerfs s'étaient contractés quand je fus percluse de mes membres. J'avais eu aussi à supporter toutes sortes d'autres maux dont quelques-uns, je l'ai dit, venaient du démon. Mais tout cela n'est rien en comparaison de ce que je souffris dans ce cachot. De plus, je voyais que ce tourment devait être sans fin et sans relâche. Et cependant toutes ces souffrances ne sont rien encore auprès de l'agonie de l'âme. Elle éprouve une oppression, une angoisse, une affliction si sensible, une peine si désespérée et si profonde, que je ne saurais l'exprimer. Si je dis que l'on vous arrache continuellement l'âme, c'est peu, car dans ce cas, c'est un autre qui semble vous ôter la vie. Je ne saurais, je l'avoue, donner une idée ce feu intérieur et de ce désespoir qui s'ajoutent à des tourments et à des douleurs si terribles. Je ne voyais pas qui me les faisait endurer, mais je me sentais, ce semble, brûler et hacher en morceaux. Je le répète, ce qu'il y a de plus affreux, c'est ce feu intérieur et ce désespoir de l'âme.

Dans ce lieu si infect d'où le moindre espoir de consolation est à jamais banni, il est impossible de s'asseoir ou de se coucher, l'espace manque, j'y étais enfermée, j'y étais enfermée comme dans un trou pratiqué dans la muraille ; les parois elles-mêmes, objet d'horreur pour la vue, vous accablent de tout leur poids, là tout vous étouffe, il n'y a point de lumière, mais les ténèbres les plus épaisses. Et cependant, chose que je ne saurais comprendre, malgré ce manque de lumière, on aperçoit tout ce qui peut être un tourment pour la vue.

Le Seigneur ne voulut pour lors me montrer rien plus de l'enfer. Il m'a donné, depuis, une vision de choses épouvantables et de châtiments infligés à certains vices ; ces tortures me paraissaient beaucoup plus horribles à la vue.Mais, comme je n'en souffrais pas la peine, j'en fus moins effrayée. Dans la vision précédente, au

contraire, le Seigneur m'avait fait éprouver véritablement en esprit ces tourments et ses angoisses, comme si mon corps les avait endurés. Je ne sais comment cela se fit, mais je compris bien que c'était une grande grâce et que le Seigneur voulait me faire voir de mes propres yeux l'abîme d'où sa miséricorde m'avait délivrée. Entendre parler de l'enfer, ce n'est rien. Ce que j'avais médité sur les divers tourments qu'on y endure, bien que ce fût rarement, car la voie de la crainte ne convenait pas à mon âme, ce que j'avais considéré sur les déchirements causés par les démons, ce que j'avais lu enfin de divers autres châtiments, tout cela n'est rien auprès de ce supplice. Ce sont deux choses absolument différentes. Elles sont entre elles comme le tableau et l'objet qu'il représente et la torture du feu de ce monde est bien peu de chose en comparaison du feu de l'enfer. Aussi, je fus épouvantée ; malgré les six ans environ écoulés depuis lors, ma terreur est telle en écrivant ces lignes qu'il me semble que mon sang se glace dans mes veines ici même où je me trouve. Aussi, chaque fois que je me rappelle ce souvenir au milieu de mes travaux et de mes peines, toutes les souffrances d'ici-bas ne sont plus rien à mes yeux ; il me semble même que, sous un certain rapport, nous nous plaignons sans motif. Je ne crains pas de le redire, c'est là une des grâces les plus insignes que le Seigneur m'ait accordée. Elle a produit en moi le plus grand profit. Elle m'a ôté la crainte des tribulations et des contradictions de la vie, elle m'a donné le courage de les supporter et elle m'a stimulée à remercier le Seigneur de m'avoir délivrée, comme j'ai tout lieu de le croire maintenant de ces tourments si longs et si terribles.
Depuis lors, je le répète, tout me paraît facile en comparaison d'un seul instant de ces tortures que j'endurai alors. Je m'étonne même qu'après avoir lu souvent des livres où l'on donne quelque aperçu des peines de l'enfer, je ne les ait point redoutées comme elles le méritent et ne m'en soit pas fait une idée exacte. Où étais-je donc ? Comment pouvais-je trouver quelque repos dans ce qui m'entraînait à un si terrible séjour ? O mon Dieu, soyez à jamais béni ! Comme on voit bien que vous m'aimez beaucoup plus que je ne m'aime moi-même ! Que de foi, ô Seigneur, ne m'avez-vous pas délivrée d'une si horrible prison !

Cette vision m'a procuré, en outre, une douleur immense de la perte de tant d'âmes. Elle m'a procuré aussi les désirs les plus ardents d'être utile aux âmes. Il me semble en vérité que, pour en délivrer une seule de si horribles tourments, je souffrirais très volontiers mille fois la mort. Voici en effet ce que je pense. Quand nous voyons quelqu'un et surtout une personne amie au milieu de grandes épreuves et de grandes douleurs, il semble que nous sommes naturellement touchés de compassion et si ses souffrances sont intenses, nous les ressentons très vivement. Mais la vue d'une âme condamnée pour l'éternité au supplice des supplices, qui donc la pourrait souffrir ? Il n'y a pas de cœur qui n'en serait brisé de douleur. Nous sommes émus de la plus tendre compassion pour les maux d'ici-bas, et cependant nous savons qu'ils sont un terme et finissent avec la vie. Ne le serions-nous pas davantage pour des supplices qui doivent durer toujours ? Je ne sais comment nous pouvons vivre en repos quand nous voyons tant d'âmes que le démon entraîne avec lui en enfer.

Cela enfin me fait désirer ardemment que dans l'affaire si importante du salut nous ne soyons satisfaits qu'à la condition de faire tout, oui, tout ce qui dépend de nous. Dieu veuille nous donner la grâce de réaliser ce dessein !

Abordant dans le sens queSainte Thérèse d'Avila, Sainte Françoise Romaine (1384 -1440),Fondatrice des Oblates, nous expose son expérience de l'enfer que le seigneur a voulu lui faire découvrir deux siècles plus tôt.

Un jour que la servante de Dieu était très souffrante, elle s'enferma dans sa cellule, pour se livrer en toute liberté à l'exercice de la contemplation, où elle trouvait sa consolation et tous ses délices. Il était environ quatre heures après midi : elle fut aussitôt ravie en extase et l'archange Raphaël, qu'elle ne vit pas alors, vint la prendre, et la conduisit à la vision de l'enfer. Arrivée, à la porte de ce royaume effroyable, elle lut ces paroles écrites en caractères de feu : « Ce lieu est l'enfer, où il n'y a ni repos, ni consolation, ni espérance ». Cette porte étant ouverte, elle regarda et vit un abîme si profond et si épouvantable, que depuis elle n'en pouvait parler sans que son sang se glaçât d'effroi. De cet abîme sortaient des cris affreux et des exhalaisons insupportables, alors elle fut saisie d'une horreur extrême,mais elle entendit la voix de son conducteur invisible, qui lui disait d'avoir bon courage, parce qu'il ne lui arriverait aucun mal. Un peu rassurée par cette voix amie, elle observa plus attentivement cette porte et vit que déjà fort large à son entrée, elle allait en s'élargissant toujours davantage dans son épaisseur mais dans cet affreux corridor régnaient des ténèbres inimaginables. Cependantil se fit pour elle une lumière et elle vit que l'enfer était composé de trois régions : l'une supérieure, l'autre inférieure et l'autre intermédiaire. Dans la région supérieure, tout annonçait de graves tourments, dans celle du milieu, l'appareil des tortures était encore plus effrayant mais dans la plus basse région la souffrance était incompréhensible. Ces trois régions étaient séparées par de longs espaces où les ténèbres étaient épaisses et les instruments de tortures en nombre prodigieux et extraordinairement variés.

Dans cet abîme effroyable, vivait un immense dragon qui en occupait toute la longueur.Il avait sa queue dans l'enfer inférieur, son corps dans l'enfer intermédiaire et sa tête dans l'enfer supérieur. Sa gueule était béante dans l'ouverture de la porte qu'il remplissait tout entière, sa langue sortait d'une longueur démesurée, ses yeux et ses oreilles lançaient des flammes sans clarté mais d'une chaleur insupportable,sa gorge vomissait une lave brûlante et d'une odeur empestée. Françoise entendit dans cet abîme un bruit effroyable, c'étaient des cris, des hurlements, des blasphèmes, des lamentations déchirantes et tout cela mêlé à une chaleur étouffante et à une odeur insoutenable lui faisait un tel mal qu'elle crut que sa vie allait s'anéantir.Cependant son guide invisible la rassura par ses inspirations et lui rendit un peu de courage, elle en avait besoin pour soutenir la vision dont nous allons parler.

Elle aperçut Satan sous la forme la plus terrifiante qu'il soit possible d'imaginer. Il était assis sur un siège qui ressemblait à une longue poutre, dans l'enfer du milieu, et cependant sa tête atteignait le haut de l'abîme, et ses pieds descendaient jusqu'au fond ; il tenait ses jambes écartées, et ses bras étendus, mais non en forme de croix. Une de ses mains menaçait le ciel, et l'autre semblait indiquer le fond du précipice. Deux immenses cornes de cerf couronnaient son front ; elles étaient fort rameuses, et les innombrables petites cornes qui en sortaient, comme autant de rameaux, semblaient autant de cheminées par où s'échappaient des colonnes de flammes et de fumée. Son visage était d'une laideur repoussante et d'un aspect terrible. Sa bouche, comme celle du dragon vomissait un fleuve de feu très ardent mais sans clarté et d'une puanteur affreuse. Il portait au cou un carcan de fer rouge. Une chaîne brûlante le liait par le milieu du corps et ses pieds et ses mains étaient également enchaîner. Les fers de ses mains étaient fortement cramponnés dans la voûte de l'abîme. Ceux de ses pieds tenaient à un anneau fixé au fond du gouffre et la chaîne qui lui liait les reins, liait aussi le dragon dont nous avons parlé.

A cette vision en succéda une autre. La servante de Dieu aperçut de tous côtés des âmes que les esprits qui les avaient tentées ramenaient dans cette affreuse demeure. Elles portaient leurs péchés écrits sur leurs fronts en caractères si intelligibles que la sainte comprenait pour quels crimes chacune d'elles était damnée. Ces lettres du reste n'étaient que pour elle seule car ces âmes malheureuses ne connaissaient réciproquement leurs péchés que par la pensée. Les démons qui les conduisaient les accablaient de plaisanteries, de reproches amers et de mauvais traitement, qu'il serait difficile de raconter, tant la rage de ces monstres était inventive. A mesure que ces âmes arrivaient à l'entrée du gouffre, les démons les renversaient et les précipitaient la tête la première dans la gueule toujours ouverte du dragon. Ainsi englouties elles glissaient rapidement dans ses entrailles, et à l'ouverture inférieure elles étaient reçues par d'autres démons qui les conduisaient aussitôt à leur prince.Ce monstre enchaîné, dont nous venons de parler. Il les jugeait sur-le-champ et après avoir assigné le lieu qu'elles devaient occuper selon leurs crimes il les livrait à des démons qui lui servaient de satellites pour les y conduire. La sainte remarqua que cette translation ne se faisait pas de la même manière que celle des âmes qui passent du purgatoire au paradis. Quoique la distance que ces dernières ont à parcourir soit incomparablement plus grande que celle d'un enfer à l'autre puisqu'il leur faut traverser la terre, le ciel des astres et le cristallin pour arriver à l'empyrée. Cependant ce voyage se fait dans un clin d'œil. La marche des âmes que Françoise voyait emporter par les gardes du tyran infernal était au contraire fort lente tant à cause des ténèbres épaisses qu'il leur fallait traverser avec une sorte de violence que des tortures qu'ils leur faisaient souffrir dans les espaces intermédiaires dont nous avons parlé. Ce n'était donc qu'après un certain temps que les démons finissaient par les déposer au fond de l'abîme.

Françoise vit aussi arriver d'autres âmes moins coupables que les premières et cependant réprouvées elles étaient précipitées dans la gueule du dragon présentées à Lucifer, jugées et transférées par les démons comme les autres mais au lieu de descendre au fond du gouffre elles montaient dans l'enfer supérieur avec la même lenteur. Néanmoins en subissant des tourments proportionnés à leurs péchés. Arrivées dans leur prison elles y trouvaient une multitude de démons en forme de serpents et de bêtes féroces dont la vue les terrorisait. Les regards de Satan les épouvantaient encore davantage et sans parler de l'incendie général dans lequel elles étaient enveloppées le feu qui sortait du prince des ténèbres leur faisaient cruellement sentir son ardeur dévorante. Autour d'elles régnait une nuit éternelle de sorte que rien ne pouvait faire diversion aux peines qu'elles enduraient. Là, comme dans les autres parties de l'enfer, chacune des âmes réprouvées était livrée à deux démons principaux, exécuteurs des arrêts de la justice divine. La fonction du premier était de la frapper, de la déchirer et de la tourmenter sans cesse. Celle du second était de se moquer de son malheur en lui reprochant de se l'être attiré par sa faute, de lui rappeler continuellement le souvenir de ses péchés mais de la manière la plus accablante en lui demandant comment elle avait pu céder aux tentations et consentir à offenser son Créateur, de lui reprocher enfin tous les moyens qu'elle avait eu de se sauver et toutes les occasions de faire le bienqu'elle avait perdues par sa faute. De là des remords déchirants qui joints aux tourments que l'autre bourreau lui faisait éprouver la mettaient dans un état de rage et de désespoir qu'elle exprimait par des hurlements et des blasphèmes. La charge confiée à ces deux démons n'était pourtant pas exclusive. Tous les autres avaient également droit d'insulter et de tourmenter et ils ne manquaient pas d'en user. La servante de Dieu ayant désiré savoir quelle différence il y avait entre les habitants des trois provinces de ce royaume effroyable, il lui fut dit que, dans la région inférieure, étaient placés les plus grands criminels. Dans celle du milieu les criminels médiocres et dans la région supérieure les moins coupables des réprouvés. Les âmes que vous voyez dans ce lieu le plus haut ajouta la voix qui l'instruisait sont celles des Juifs qui à leur opiniâtreté près vécurent exempts de grands crimes, celles des chrétiens qui négligèrent la confession pendant la vie et en furent privés à la mort etc. Tout ce que la bienheureuse voyait et entendait la remplissait d'épouvante mais son guide avait grand soin de la rassurer et de la fortifier.

- Du purgatoire

Après les visions susdites, la servante de Dieu fut conduite à celle du purgatoire dont la distribution est la même que celle de l'enfer. En approchant de ce triste lieu, elle lut ces paroles écrites sur la porte : « C'est ici le purgatoire, lieu d'espérance, où les âmes attendent l'accomplissement de leur désir ». L'ange Raphaël lui fit voir les trois parties de cette demeure et voici ce qu'elle y vit :

Dans la partie la plus basse brûle un feu qui donne de la lumière, dissemblable en cela à celui de l'enfer qui est noir et sans aucune clarté. Ce feu est très ardent et d'une couleur rouge. C'est là que sont punies les âmes redevables à la justice divine de la peine temporelle qu'elles méritèrent par de grands péchés et le feu les tourmente plus ou moins rigoureusement selon la qualité et la quantité de leurs dettes. L'ange lui dit que sept années de souffrances dans cette partie intérieure correspondent à celle temporelle méritée par un seul péché mortel.

A la gauche de ces âmesmais hors du purgatoire, Françoise vit les démons qui les tentaient pendant la vie et elle observa que ces pauvres âmes souffraient beaucoup de leur vision et des reproches qu'ils ne cessaient de leur faire entendre. « Vous avez mieux aimé leur disaient-ils, suivre nos illusions et nos persuasions que les préceptes de l'Évangile. Vous avez eu la folie d'offenser Celui à qui vous étiez redevable de votre création et rédemption. Demeurez ici maintenant pour expier vos ingratitudes ». Du reste, le pouvoir des démons sur ces âmes se borne à ces deux choses, à les affliger par leurs reproches et par leur horrible aspect.

Ces âmes placées dans le feu du purgatoire inférieur acquiescent humblement à la justice divine. Néanmoins, la rigueur des peines qu'elles endurent leur arrache des gémissements que personne en cette vie ne saurait comprendre. Elles acquiescent à la volonté de leur juge, parce qu'elles comprennent parfaitement l'équité des tourments qu'elles endurent. Or cet acquiescement est cause que Dieu prête l'oreille à leurs plaintes, qu'Il en est touché et leur donne quelques consolations. Il ne les arrache pas pour cela aux flammes qui les brûlent mais Il leur fait trouver dans leur soumission même une sorte de rafraîchissement ainsi que dans la pensée qu'elles arriveront bientôt à la gloire éternelle. Elles connaissent non seulement leurs propres péchés mais encore ceux des autres âmes qui souffrent avec elles et toutes sont contentes de la justice punitive de Dieu qui s'exerce avec tant d'équité.

Lorsqu'un ange gardien a conduit dans ce purgatoire inférieur l'âme qui lui était confiée, il se place en dehors de la prison, au côté droit de la porte tandis que le mauvais ange se place au côté gauche et il se tient là jusqu'à ce que cette âme entièrement purifiée devienne libre de monter au ciel. C'est lui qui recueille les suffrages offerts pour elle sur la terre et les présente à la justice de Dieu qui les lui rend, afin qu'il les applique à cette pauvre âme comme un remède qui adoucit ses maux. Il présente également à Dieu toutes les bonnes œuvres qu'elle a faites pendant sa vie mortelle tandis que le mauvais ange rappelle sans cesse les péchés qu'elle a commis, à la justice du Seigneur. Lorsqu'une âme a fait des legs pieux avant son trépas, Dieu, dans Sa bonté, les accepte sur-le-champ et les récompense, quand même ils ne recevraient pas leur exécution par la faute de ceux qui en étaient chargés. Cependant, si elle a renvoyé ces bonnes œuvres après sa mort, par affection pour ses richesses, Dieu ne la récompense qu'à l'expiration du temps déterminé par elle pour leur accomplissement.

Ce purgatoire inférieur se divise en trois prisons séparées où le feu n'a pas une égale ardeur. il est plus brûlant dans la première que dans la seconde et dans la seconde que dans la troisième. Or la première est destinée aux religieux et aux prêtres, pasteurs, serviteurs ou servantes eussent-ils commis de moindres péchés que les séculiers, parce qu'ils ont eu plus de lumières et n'ont pas honoré leur dignité comme ils le devaient. Françoise vit dans ce cachot un prêtre fort pieux, mais qui avait trop contenté son appétit dans l'usage des aliments. La seconde prison est la demeure des religieux et des clercs qui ne furent pas honorés du sacerdoce. Dans la troisième, sont renfermées les âmes séculières qui commirent des péchés mortels et ne les expièrent pas pendant la vie. Les tourments ne sont pourtant pas égaux dans chacune de ces prisons. Ils sont plus ou moins cruels selon la mesure des dettes et la qualité des personnes. Les supérieurs y souffrent davantage que les inférieurs, selon qu'une âme est plus ou moins coupable, les supplices sont plus ou moins cruels et leur durée plus ou moins longue.

Après avoir considéré le purgatoire inférieur, Françoise fut conduite à la vision du purgatoire intermédiaire.Il se partage, comme l'autre, en trois parties, dont la première est un lac d'eau glacée, la seconde un lac de poix fondue, mêlée d'huile bouillante et la troisième un lac de métaux liquéfiés. C'est dans ce purgatoire que sont logées les âmes qui ne commirent pas de péchés assez graves pour mériter d'être placées dans le purgatoire inférieur. Ce sont donc les péchés véniels qui conduisent à ce purgatoire intermédiaire. Il y a dans cette prison trente-huit anges qui sont sans cesse occupés à transvaser, ces pauvres âmes d'un lac dans l'autre, ce qu'ils font avec des manières très gracieuses et une grande charité. Ces anges ne sont pas pris parmi leurs anges gardiens. Ce sont d'autres anges que la bonté de Dieu a chargés de ce ministère. J'attribue leur mission à la bonté de Dieu parce que leur présence est pour ces âmes d'une grande consolation.

- De la gloire des saints dans le ciel.

Lorsque les âmes bienheureuses font leur entrée dans le ciel, elles sont conduites aux places qui leur ont été assignées, selon leurs mérites. Si pour s'y rendre, il leur faut traverser quelques chœurs angéliques, les esprits qui les composent leur font un accueil extrêmement joyeux mais rien n'égale la réception qui leur est faite dans les chœurs où elles doivent prendre place. Ce ne sont de la part des anges auxquels on les associe, que démonstrations de joie et d'amitié pour elles, que cantiques de louanges et de bénédictions pour rendre grâces à Dieu de leur bonheur et cette réjouissance dure beaucoup plus longtemps dans ces chœurs que dans les autres. Toutes les fois que notre bienheureuse, interrogée par son confesseur, parlait de cette joie angélique, causée par la venue de quelques âmes associées à leur gloire, le souvenir de leur multitude, de la douceur inexprimable de leurs chants, de leurs démonstrations, de leurs transports, la mettait hors d'elle-même.Son visage alors était tout en feu et son cœur se fondait comme la cire aux rayons du soleil. Le père lui demandant un jour quels étaient les plus parfaits des esprits humains ou angéliques placés dans la même gloire ?Elle répondit que les esprits humains ont une perfection supérieure à cause du temps plus long qui leur fut donné pour mériter mais que les anges sont plus purs et plus beaux, qu'ils pénètrent mieux dans la compréhension divine et que leurs chants sont beaucoup plus mélodieux. Il faut pourtant excepter l'auguste Marie de cette règle générale.

Françoise voyait tout cela pendant ses extases dans le miroir divin. Du reste, elle a souvent déclaré qu'elle soumettait toutes ses paroles au jugement de l'Église catholique au sein de laquelle elle désirait vivre et mourir.

IV- L'ERRANCE

IV-1 : Cas des victimes de la sorcellerie

La sorcellerie fait plus de victime dans le monde que toutes les guerres confondues que le monde ait connues, en effet pour qu'un nouveau sorcier change de statut, il lui est exigé de donner en sacrifice une personne par mois afind'accéder au deuxième niveau de compétence, la deuxièmeétape consiste à donner une personne par semaine et après avoir satisfait à cette exigence, cet individu est considéré comme un membre à part entière dans sa confrérie. Il a le pouvoir de décision et son point de vue est pris en compte car à partir du deuxième niveau, le sorcier possède un pouvoir de voyage astral intercontinental, le pouvoir sur la nature et bien plus. Le troisième niveau consiste à donner au moins une personne par jour. À ce niveau, le sorcier devient responsable d'une confrérie. Concernant la sorcellerie la bible déclare : «*vous ne devez pas laisser vivre une femme qui pratique la sorcellerie* » Exode 22,17. La version hébraïque déclare : « *tu ne laisseras pas prospérer la sorcellerie* ».

Voici résumé les trois étapes utilisées par les sorciers pour tuer leur victime : Lalocalisation de la victime, l'attaque et l'élimination.

Les sorciers doiventd'abord isoler la victime de son corps physique car en réalité le sorcier ne tue pas sa victime avant que ce dernier soit enterré. Dans les temps anciens, les sorciers tuaient les victimes très vite voire même avant les enterrements.Si La famille du défunt allait consulter un marabout ou quelqu'un qui pouvait les aider à trouver le coupable et qu'elle décidait de lancer une attaque pour se venger, les sorciers responsables de l'acte étaient atteints par l'attaque. Ils ont donc décidé de changer de tactique. De nos jours, Les sorciers préfèrent attendre l'enterrement.Lorsque la famille est calme et ne songe plus à faire une attaque c'est en ce moment-là qu'ils tuent et mangent la victime sans aucun danger. Quand une personne meurt de sorcellerie c'est une illusion, ce n'est pas une vraie mort.

Voilà comment cela se passe.Les sorciers provoquent une maladie et Lorsque lavictime est malade les sorciers se préparent à l'isoler de son corps physique cela provoque l'arrêt du fonctionnement du corps physique. Le corps physique est sustenté par le corps astral, lorsqu' on coupe le cordon d'argent par un isolement parfait, le corps physique cesse de fonctionner. Il s'agit ici d'une technique que les sorciers maitrisent très bien. Ils choisissent un jour pour fairel'isolement du corps astral,la conscience choisira dès lors de quitter le corps physique pour résider dans son corps astral à cause du disfonctionnement du corps physique. En réalité la victime n'est pas morte, il s'agit d'une illusion. En tant que responsable du corps physique, l'âme tentera de rétablir le contact avec le corps hérétique sans succès car le contact restera très faible à cause de l'étouffement du cordon d'argent mais toute fois il y aura des signes qui prouvent que la personne est vivante ou victime d'une attaque sorcière. Par exemple certaines personnes ont constaté que la personne morte avait bougée ou changée de position dans le casier de la morgue, on peut aussi constater que le corps du défunt transpire ou il verse des larmes ou encore on peut remarquer que la personne qui était devenue maigre et laide mais une fois dans le cercueil, redevient belle et comme endormi. Or pendant tout ce temps, ceux qui ont les yeux ouverts sur le monde spirituel peuvent voir la victime attachée quelque partà un bois, un arbre ou un objet lourd. Les sorciers ayant tous prêté serment dans leur différente confrérie pour ne jamais trahir ne vont jamais dire ce qu'il voit même s'ils ne font pas parti de la confrérie qui est en train de tuer la victime c'est la loi du silence. Celui qui ne peut pas garder secret des œuvres de la sorcellerie ne peut pas devenir sorcier sinon il sera tué ou radié.

Après l'enterrement les sorciers vont se rendre à un endroit physique pour récupérer la victime. Certaines familles enterrent un morceau de bois croyant que c'est le défunt, la sorcellerie c'est de la magie noire cette méthode de changer le vrai corps en quelque chose d'autre s'appelle occultation mineure. Certains sorciers vous tueront dans le monde astral d'autres non. La pratique la plus répandu est celle de vous tuer ici dans le physique. Ils vont vous rappeler et vous dire les motifs pour lesquels ils vous ont tué. Vous serez étonné de voir des gens que vous n'avez pas soupçonner. La loi qui fait fonctionner cette méthode est la suivante :" le corps physique attire son corps astral quand ce dernier est très proche de lui". Tous ceux qui ont fait la projection astrale savent que quand on est tout près du corps physique ce dernier a tendance à vous aspirer. Le sachant, les sorciers rapprochentle corps astral tout près du corps physique, ce dernier va aspirer son corps astral et reprendra normalement ses activités. Ils vontensuite donneràleurs victimes leurs raisons pour lesquelles ils vont le tuer. Sans raison les sorciers ne peuvent pas tuerleur victime. Quand on parle de raison, ne vous attendez pas àce qu'ils vous disent quelque chose de vrai et de sincère, ils vont simplement vous accuser de tous les maux du monde, de méchanceté, de voleur, de faux chrétiens, d'avarice, d'impolitesse, d'orgueilleux, de prétentieux, tout ce qui peut leur passer par la tête.Mais dans certains cas ils ont de vraies raisonsdonc évitez de leurs donner une raison car raison ou pas le sort réservéà la victime est déjà connu, c'est la mort et rien d'autre, ils veulent manger de la viande et boire du vin (le sang) et la victime ne peut plus leur échapper. Or pendant ce temps certaines familles sont en train de déposer des pots fleurs sur la tombe de leur proche qui vient de mourir en implorant le bon Dieu de prendre son âme auprès de luiau paradis alors que ce dernier est toujours vivant et en procès quelque part dans le même univers visible qu'eux.

Procès fini, pendant que les bourreaux aiguisent leurs machettes,les autres sorciers doiventdécider s'ils doivent transformer la victime en animal ou pas. Ils letueront à coup de machettes comme un mouton,généralement à côté d'un arbre. Chacun va ramener sa part chez lui ou peuvent décider de vendre la viande aux marchés si elle n'est pas mangée sur place. Certaines personnes ont d'ailleurs constatéqu'un certain vendeur au marché africain ne voulait pas vendre la viande soit en augmentant le prix ou en refusant delui répondre quand il demande le prix car cette viande est spécialement destinée aux sorciers. Pour ne pas se faire remarquer certains sorciers le transforment en morceau de pain ou en autre nourriture consommable, c'est ce qu'ils utilisent pour donner la sorcellerie aux petits enfants et le sang sera transformer en eau. Si vous demandez à un enfant atteint de la sorcellerie, il vous dira qu'on lui avait donné de la viande ou le pain et l'eau. La chair et le Sang (eau) sont deux éléments essentiels pour activer les corps intérieurs. Dans toutes les initiations spirituelles il y a toujours de l'eau (sang) ou viande (chair) dans d'autre cas. Même Jésus donna sa chair et son sang pour activer les corps spirituels de ses apôtres. Le monde spirituel fonctionne avec les mêmes lois mais ce sont les intentions et objectifs qui différent. Ainsi une personne peut être mangée dans le monde spirituel ou ici dans le physique.

Les sorciers ne travaillent jamais seul,quand ils sont en "mode opération" la nuit, ils deviennent comme des démons dépourvus d'empathie et de compassion. Ils peuvent attraper leurs victimes, la tuer, la manger dans une sauce de leur choix et relâcher son âme, la personne est libre et devient un esprit errant. Mais retenons que les cas où les sorciers libèrent leur victime sont extrêmement rare.Généralement la victime devient l'esclave du chef de la confrérie ou de la personne qui la livrer ou mêmela victime est carrément vendueà une autre confrérie de sorcellerie comme esclave.

De grâce, ne vous laissez pas tuer par les sorciers ou par tout adepte de la magie noirecar les victimes de la sorcellerie sont torturées d'une façon intense et atroce. En fait, vous allez passer le reste de votre vie dans les tortures, vous serez un esclave. Nous traitons le cas de la sorcellerie ici par ce qu'avec eux la victime risque de ne même pas profiter de l'état d'errance dans le monde des morts. La victime n'est ni au paradis, ni en enfer, ni au purgatoire, ni un esprit errant, elle est prisonnière c'est-à-dire un esprit prisonnier et esclave dans l'au-delà. C'est pourquoi il est vraiment important de réellement s'attacher à Jésus-Christ car lui seul peut nous éviter de tel souffrance.

Dans ce monde dans lequel nous vivons il y a des gens qui sont morts et enterrés, mais comme ils sont morts par la magie noir, ils sont devenus des esclaves dans le monde astral. Ils sont devenus des propriétés appartenant à leurs bourreaux qui peuvent les vendre dans l'industrie florissante de l'esclavage qui bat son plein dans le monde astral des sorciers. Beaucoup d'hommes et femmes qui sont morts officiellement sont vendus et achetés comme des esclaves. Certains sont forméspour opérer et travailler comme des démons,d'autres pour travailler dans des industries,d'autres encore sont transportés dans des plantations. Il y a des plantations de par le monde dont les travailleurs sont des revenants, car dans le monde de la sorcellerie l'esclavagisme est une industrie florissante. Il y a des marchés et des places de vente d'esclaves répandues dans le monde.

IV-2 : Le mystère de la mort

Nous savons tous qu'il existe plusieurs façons de mourir cependant nous vous présentons les étapes d'une mort normal pour une personne qui agonise petit à petit.

Voici ce qui se passe dans les derniers instants de la vie d'un être humain vivant sur la terre.

1- Peu à peu, la vue s'en va ...
2- Les sons s'éloignent, les bruits s'éloignent petit à petit, jusqu'à disparaître complètement.
3- Les yeux ouverts mais on ne voit plus et n'entendplus rien de ce qui se passe autour cependant on peut toujours ressentir des choses.
4- Progressivement on sent que son corps n'obéit plus à la force de sa volonté. On ne peut plus parler ni faire sortir un son quelconque. Mais le cœur bat grâce à la respiration qui est d'ailleurs faible.
5- Puis arrive le froid glacial, qui à partir des orteils et des doigts, gagne progressivement tout le corps, et converge vers le cœur. Chaque membre du corps qui est traversé par ce froid devient insensible, comme s'il n'existait plus. Alors impossible de bouger.
6- Puis vint le moment critique, moment atroce que doit traverser tout être né de femme. On entend Les battements de son cœur avec une grande amplificationLa séquence des coups devint irrégulière. L'intervalle entre un coup et le suivant s'élargit de plus en plus. La peur peut prendre place avec des sensations bizarres....
7- C'est le moment des regrets, des pleurs, ou de prières pour ceux qui ont encore la force. On sent son cœur qui lâche petit à petit. Puis la respiration devient de plus en plus difficile et s'arrête. C'est à ce moment précis que tout homme a besoin de son Créateur. D'ailleurs, je n'ai pas de commentaires à faire, puisque vous êtes déjà nés, vous passerez par cette expérience pour vérifier sa véracité... Je n'arrive peut-être pas à trouver les termes appropriés, mais les choses sont comme ça. C'est à ce moment-là que vous désirerez connaître votre Dieu, vous qui ne l'avez pas encore connu, et qui vous obstinez à l'ignorer...
8- Quelques secondes après que le cœur se soit arrêté, on se relève, on s'assoit ou s'arrête sur ses pieds selon les cas. Si vous jetez un coup d'œil autour de vous, vous verrez une forme comme étant un ancien corps étendu sur un lit. Ce n'est plus La peine de vous en soucier puisque désormais vous en avez un autre.

Il faut comprendre qu'il y a la mort naturelle et la mort mystique qui est une mort prématurée orchestré par les agents sataniques. Nous parlons de la mort naturelle lorsqu'un être humain meurt après avoir épuisé le nombre des années que Dieu lui accorde à vivre, car Dieu a fixé un nombre d'années précis pour chaque homme vivant sur la terre. Mais dans la mort mystique ou prématurée qui est perpétrée principalement par les serviteurs du diable, l'homme meurt sans pour autant épuiser le nombre des années allouées par Dieu pour lui. Nombreux sont les hommes et les femmes qui ont eu leurvie interrompue prématurément, sans pour autant atteindre le nombre d'années allouées pour eux par Dieu. En effet, Lucifer est toujours à la recherche des esprits humains afin de les utiliser comme des démons.

En fait, les nombreux esprits maléfiques qui sont en guerre contre les chrétiens et l'humanité toute entière sont des esprits humains, je veux dire des êtres humains qui sont morts avant leur temps, et ont été ensuite enrôlés et intégrés dans l'armée diabolique de Lucifer. Officiellement ils sont morts, mais ils sont toujours opérationnels à la surface de la terre. Que vous le sachiez ou pas, que vous le croyiez ou pas, Nous sommes en guerre contre les esprits démoniaques et les esprits humains. Les satanistes offrent constamment des sacrifices humains au diable. Les esprits de ces victimes sont transportés vers le royaume du diable pour être ensuite utilisés comme des démons, jusqu'à ce qu'ils atteignent le nombre d'années que Dieu leur a allouées.

Les sorciers et les satanistes qui fréquentent le monde de pandémonium savent précisément le nombre d'années que Dieu a donné à chaque être humain pour vivre sur la terre. De ce fait, le diable qui a besoin des esprits humains pour les enrôler dans son armée tuent les humains par magie blanche ou noire. Etant donné que ces victimes sont mortes prématurément, elles ne peuvent pas aller au séjour des morts. Ces âmes sont pour la plupart enrôlées dans son armée. Elles vont travailler comme des démons jusqu'à atteindre le nombre d'années prédéterminées par Dieu. C'est alors qu'elles vont s'en aller au séjour des morts. Nombreux sont ceux qui meurent prématurément.Après leur mort, ils sont emmenés dans le monde de Satan comme esclave pour faire les travaux forcés. D'autres sont déplacés loin de leur région et pays où ils travaillent comme des esclaves dans des champs, comme gérant de magasin et bien d'autres activités selon le lieu d'affectation, la plupart après leur formation aux méthodes et techniques de la guerre spirituelle opèrent comme des démons jusqu'à ce que le nombre de leurs années soit atteint.

Si vous avez déjà été en contact avec un féticheur, un marabout, un charlatan pour un service quelconque, sachezque vous avezété immatriculé, un dossier a été ouvert pour vous avec toutes les informations vous concernant, le diable attendra le bon moment pour prendre votre vie. Si vous avez eu besoin de ses services, lui a besoin que voussoyez son esclave. Généralement nous naissons dans des familles qui sont dans des alliances par l'application de coutumes et de traditions, et à moins que ces alliances ancestrales et parentales soient brisées, nous serons victimes. Nous ne connaissons pas l'état d'âme de nos ancêtres. La plupart de nos problèmes viennent de nos ancêtres qui étaient dans l'idolâtrie, dans des cérémonies et pratiques traditionnelles. Comprenez bien, si vos parents ont visité des charlatans, des féticheurs, des marabouts, vous avez besoin de la délivrance car ces gens-là sont des serviteurs de Satan. Ils nous font entrer dans des alliances directes ou indirectes avec le monde de Satan. Si vous avez déjà visité une église ayant un pasteur occultiste et qu'il vous a imposé les mains, vous avez besoin de la délivrance etensuite, aimez Jésus-Christ de tout votre pensés, de tout votre cœur, de tout votre être et obéissez à ses commandements car lui seul peut vous sauver.

Il y a une industrie de l'esclavage dans le monde invisible des sorciers, où les hommes et les femmes qui sont tués sur la terre par des méthodes mystiques, sont vendus comme esclaves. En fait, il y a des marchés et des lieux de transactions des âmes dans le monde astral des sorciers, où les sorciers et les féticheurs vont vendre et acheter les âmes victimes de sacrifices humains. Vous ne pouvez pas imaginer la foule de personnes dans ces marchés, des gens morts officiellement sur la terre, mais qui continuent la vie comme des revenants. Normalement, ces revenants assument des apparences et identités dépendant du lieu de leur mission. S'ils sont envoyés travailler dans un champ en Europe, ils vont assumer l'apparence d'un blanc et ils seront perçus comme des blancs par des hommes naturels, même s'ils sont d'une autre race.

En tant que Chrétiens, nous devons tous savoir que sous les mers, les fleuves et les océans, il y a différents royaumes, il y a des villes et des agglomérations avec des populations denses. Il y a là-bas des gens vivants une vie qui n'est pas très différente de notre vie à la surface de la terre, car les agglomérations qui sont sous les mers, sous les fleuves et océans, sont des civilisations physiques avec des infrastructures comme à la surface de la terre. Les gens qui vivent là-bas vont au travail et sont payés. Ils se marient et ils donnent naissance à des enfants, La célébration des mariages n'est pas différente de celle qui se passe à la surface de la terre. Ils ont des boulevards et des voitures. Ils ont des bars et restaurants. Beaucoup de savants et chercheurs de notre monde voyagent dans ce monde de pandémonium pour acquérir de la connaissance, car la technologie sur la terre est moins avancée que celle du monde invisible. Il s'agit d'un monde magique, féerique et mystérieux, une civilisation urbaine, sophistiquée, très avancée avec d'énormes constructions et des architectures avancées. À vrai dire, il n'y a pas de ville sur la terre qui puisse égaler la civilisation sous-marine. Le niveau de la technologie et de la sophistication est loin devant la civilisation humaine. Les infrastructures de ce monde cosmopolite et préhistorique dépassent celles de la civilisation humaine à la surface de la terre. Il y a des métropoles éblouissantes, construite avec des pierres précieuses.

Un couple marié voulait absolument devenir riche. Pour y parvenir,ils avaient signé un pacte avec le monde de ténèbres afin d'acquérir le succès et la richesse. Mais selon les termes et les conditions de cette alliance, leur progéniture était supposée mourir tous dans un âge bien précis. Au fil des ans, ils se sont enrichis avec les biens de ce monde, mais leurs enfants mouraient à tour de rôle dans l'âge prédéterminé dans le pacte qu'ils avaient signé avec le monde de Pandémonium. Et lorsqu'ils sont devenus vieux, ils ont remarqué qu'ils se sont enrichis mais qu'ils avaient perdu tous leurs enfants. Ils étaient donc sans enfant. Ils ont estimé que cette situation était tragique et qu'ils risquaient de mourir sans héritier pouvant bénéficier de leurs richesses. De ce fait, ils ont décidé d'une façon délibérée d'avoir un enfant qu'ils n'allaient pas sacrifier. Ils étaient prêts à aller à l'encontre des termes et des conditions du contrat qu'ils avaient signés avec le monde sous-marin. Ils se sont mis d'accord de ne pas sacrifier leur fils comme il est stipulé dans le pacte macabre signé avec le monde de Satan. Plus tard, ce couple avait donné naissance à un petit garçon. Et quand le garçon a grandi et atteint l'âge de la mort prédéterminée dans cet accord et pacte satanique, il était supposé mourir mais ses parents ont refusé d'obtempérer à la demande du monde maléfique de Lucifer. En fait, il y avait des procédures et rituels que ce couple devait exécuter, afin de livrer les âmes de leurs enfants au diable.Ils étaient donc sensés exécuter le rituel par lequel l'enfant devait tomber malade et ensuite mourir sans suspicion. Mais ce couple a fait savoir au royaume de Pandémonium et aux esprits maléfiques qu'ils ne sacrifieront pas leur fils. Le monde infernal de Satan les a avertis qu'ils mourraient, à moins qu'ils sacrifient l'enfant comme signé dans l'accord. Et malgré l'avertissement des esprits maléfiques du monde infernal, ce couple a choisi de mourir à la place de leur fils, car ils ont estimé qu'ils étaient déjà vieux et ont accepté les conséquences qui vont s'en suivre. De cette façon leur fils pourra bénéficier de leurs richesses.

Après avoir violé le contrat signé avec le monde de Satan, la mère de ce garçon mourut. Quelques temps après l'enterrement, le père de ce jeune fut déclaré mort. Tout ceci pour que leur fils puisse jouir de leurs biens. Mais juste après leurs morts, la famille élargie confisqua par force les biens maudits et jeta le garçon dans la rue en l'accusant d'être le sorcier responsable de la mort de ses parents.Mais après que cette famille eut pris le contrôle de tous ces biens quelque chose arriva. Il faut noter que lorsque le père et la mère de ce garçon moururent prématurément, ils ont été emmenés dans le royaume de Satan comme esclaves pour exécuter les travaux forcés, c'est-à-dire des esprits servants au service du royaume de Satan jusqu'à ce qu'ils atteignent le nombre des années que Dieu leur avait attribuées. Ce n'est qu'après cela qu'ils pourront se retrouver dans le séjour des morts. Ils ont donc continué la vie dans le monde sous-marin comme des esclaves faisant des travaux forcés. Et depuis le monde astral, ils ont vu comment la famille élargie a pris contrôle de leurs biens et jeté dans la rue leur seul enfant qui était supposé hériter de tout. Quand ils ont vu leur fils dépouillé et jeté dans la rue, ils ont commencé à frapper les

membres de la famille élargie qui se sont accaparés leurs biens par la force. En conséquence, il y a eu des morts dans la famille.
Une église locale a remarqué la situation de ce garçonjeté dans la rue et sans abriet lui est venue en aide. Les hommes de Dieu ont pris la responsabilité de ce garçon. Ils lui ont fourni une place pour dormir et ils l'ont envoyé à l'école. Pendant ce temps, ses parents faisaient les travaux forcés dans le monde sous-marin où ils étaient des esclaves. Un jour, ce couple esclave dans le monde de Satan fut convoqué par les autorités juridiques du royaume des ténèbres dans le monde de Pandémonium. Une fois arrivés chez les autorités, ces dernières leur ont dit ceci : "Il est vrai que nous avons interrompu votre vie sur la terre parce que vous n'avez pas gardé les termes et les conditions de l'alliance que nous avons signée ensemble. Vous avez violé le contrat, raison pour laquelle votre vie sur terre fut interrompue. Mais en vérité, nous n'avions pas besoin de vous ici. Ce sont vos enfants qui nous intéressaient parce qu'ils nous appartiennent légalement et juridiquement, car selon les accords que vous avez signés, vos enfants nous appartiennent. Et puisque vous avez signé le contrat de nous donner tous vos enfants, nous vous informons que nous sommes dans l'obligation de prendre votre fils qui est sur la terre."
Ce couple a essayé de plaider auprès des juges du royaume sous-marin. Ils ont essayé de constituer une défense légale et plaider pour leur fils, en avançant des arguments selon lesquels ils ont accepté de mourir à la place de leur fils ; mais les autorités judiciaires du royaume sous-marin étaient catégoriques car le pacte signé par ce couple était toujours en vigueur, il n'était pas annulé et donc leur fils devait mourir sur la terre et les rejoindre dans le monde des eaux. Il allait mourir et devenir esprit servant dans le royaume sous-marin. Le royaume de Satan avait donc déployé des esprits humains pour tuer ce garçon, mais ils ont échoué car ce garçon était entre les mains des hommes de Dieu.
Après cet échec, un autre groupe d'esprits humains fut chargé de prendre en charge cette mission. La sirène des eaux responsable des opérations fûtprojetée depuis le monde des eaux l'image directe de ce jeune garçon sur un moniteur afin que le groupe d'esprits humains prennent le temps d'étudier et d'enquêter sur sa vie pour obtenir des informations sur lui. En fait, ils regardaient des images directes de la vie de ce garçon sur la terre dans un écran géant, afin de voir de quelle manière ils pouvaient procéder avec réussite.
Lorsqu'ils avaient trouvé la méthode appropriée pour éliminer la cible, ils ont voyagé sur la terre pour le rencontrer. Ils ont atterri physiquement à la surface de la terre, précisément dans son voisinage avec trois jeeps neuves, car ils avaient pris l'apparence des hommes d'affaires. Les voitures jeeps qu'ils avaient garéesétaient des boites de sardines vides déjà utilisées qu'ils avaient prises dans une poubelle. Ils leur avaient commandées de se transformer en voitures. Ces boites de sardines étaient perçues comme des voitures par les hommes naturels, mais en réalité c'était autre chose.Ici nous avons affaire à la manipulation des cinq sens, c'est l'illusion. Les yeux optiques des hommes naturels percevaient ces boites de sardines comme des

voitures grâce à la manipulation optique. Beaucoup de voitures dans la rue sont des cercueils et des squelettes, mais elles sont perçues par les yeux humains comme des voitures. Le monde physique est un monde des illusions, car les yeux optiques des humains ne captent pas la totalité des réalités des choses. En effet, dans le monde invisible, les esprits fonctionnent avec les paroles et les déclarations. Ils commandent aux choses de venir en existence par la parole. Après l'atterrissage, ils se sont donc dirigés vers le jeune garçon qui était à environ 200 m. Quand ils l'ont vu, ils l'ont salué pour le questionner sur son père et sa mère. Il se mit à pleurer avant de leur répondre, puis il dit : "Les gens que vous cherchez sont mes parents, mais ils sont déjà morts." Le groupe de traqueur lui dit : "Nous sommes les amis de votre père, nous venons de l'Europe. Nous sommes venus le voir car il nous avait aidés à voyager en Europe."

Après une conversation amicale avec ce garçon, ils lui ont remis beaucoup d'argent en lui recommandant de ne plus vivre dans l'église, mais de louer une maison. Au lieu de parler de tout ceci avec les pasteurs qui prenaient soin de lui, il a couru dans la ville pour louer une belle maison. Pour tuer ce garçon, la stratégie consistait à l'éloigner des hommes de Dieu et de l'église, ceci pour ne pas échouer comme la première équipe d'esprits humains qui avait échoué dans cette mission. Après avoir remis cette somme d'argent à ce jeune, ils sont retournés dans le monde sous-marin. Le jeune garçon commença à vivre une vie d'opulence, loin de l'église et des hommes de Dieu, car il reçut des grosses sommes d'argent.

Des jours plus tard, alors qu'ils étaient dans le monde sous-marin en train de jouer au jeu de dames, ils se sont souvenus du jeune garçon à qui ils avaient remis de l'argent et ont donc décidé de mettre fin à sa vie. Lorsqu'ils avaient atterri sur la terre sous la forme d'esprits invisibles, il était en train de boire et faire la fête avec ses copines. Après cela, il se mit à conduire. C'était pendant qu'il conduisait la voiture, que le groupe d'esprits humains saisi la voiture achetée avec l'argent démoniaque et se mirent à le tirer. Il avait donc perdu contrôle de la voiture. Il tentait d'arrêter la voiture mais elle ne s'arrêtait pas. Lui et ses copines tentaient de sortir de la voiture mais ils ne pouvaient pas, car les esprits humains sataniques avaient bloqué les portes et les vitres. Finalement ils ont cogné la voiture sur un mur et il mourut.Pendant ses funérailles, les gens disaient qu'il doit avoir recouru à la magie car il était devenu très riche. Lorsqu'il fut enterré, le groupe d'esprit humain se rendirent dans le cimetière la nuit pour le faire sortir de son cercueil par des prières mystiques. Le garçon était étonné de voir les trois personnes qui lui avaient donné de l'argent et prétendaient être les amis de son père. Pour lui faire peur, ils se transformaient sous ses yeux en prenant des formes diaboliques, des créatures monstrueuses ayant des longs ongles et des dents pointues. Il ne pouvait pas comprendre ce qui se passait devant lui. Ensuite ils lesaisir pourl'emmener dans le monde astral sous l'eau où ce jeune garçon vu ses parents en train de faire des travaux forcés car ils étaient des esclaves.Tout ceci était pour lui comme un film et il était dépassé. Ce garçon fut enrôlé dans l'armée de Satan et il est devenu un esprit servant qui devait subir des formations scientifiques et ésotériques pour être déployé sur la terre comme démon. Il va donc travailler pour Satan jusqu'à atteindre ses années que Dieu lui a affectées.

Sachez que La plupart des personnes qui entrent en alliance et signent des contrats avec le diable, meurent prématurément. Le diable les tuequel que soit les clauses du contrat afin que leur âme soit inscrite dans son armée. Ils travailleront pour le monde infernal et fonctionneront comme démons missionnaires sur la terre et dans le monde astral, jusqu'à ce qu'ils atteignent le nombre d'années que Dieu leur avait allouées.

IV-3 : Le monde du cimetière

La mort est un rendez-vous auquel personne ne peut manquer. Qui que vous soyez, vous ne pouvezpas échapper à la mort. Quand une personne meurt, on lave normalement son corps, on le met dans un cercueil pour l'enterrement. En route pour le cimetière, la famille éprouvée pleure, se lamente, certains restent inconsolable, alors qu'en fait, ce qui se trouve dans le cercueil n'est que lecorps, mais la personne elle-même se trouve au-dessus du cercueil en train de pleurer. Ellequitte même le dessus du cercueil pour aller s'accrocher aux membres de sa famille, mais elle passe dans le vide,parce que son corps est devenu immatériel. À ce moment-là, la personne pleure, elle cherche même des hommes de Dieu pour qu'ils prient Dieu en sa faveur, mais c'est trop tard.

Derrière ce silence etce calme apparent dans Le cimetière, se cache une autre réalité. Le cimetière est un lieu d'intense activité, un univers mystérieux. Selon l'endroit, il peut s'agir d'un petit ou d'un grand village ou d'un monde constitué de gratte-ciel avec de grandes bâtisses bien illuminées et animées, des allées et des avenues, et tout ce qui constitue une ville contemporaine moderne. Dans ce monde invisible,il n'y a pas de famille, c'est-à-dire ni père, ni mère, ni fils, ni fille. La façon de se comporter, c'est-à-dire la manière de penser, de se déplacer, de raisonner, de parler, n'est pas la même que dans le monde visible. Marcher n'est pas nécessaire, on peut voyager à la vitesse de la pensée, ou planer.

Même s'il y a souvent des esprits retardataires, la plupart des esprits des personnes perdues (destinées à l'enfer) accompagnent leurs corps au cimetière.L'esprit plane au-dessus de son cercueil, jusqu'à ce qu'on l'enterre. Lorsque le cortège funèbre atteint le cimetière, les esprits chargés du service d'accueil prennent en charge l'esprit de la personne décédée, et lui font visiter ses nouvelles habitations.

Quel contraste avec ce qui se passe sur la terre dans le monde visible ? Alors que les amis, les frères et connaissances du défunt versent d'abondantes larmes pour la disparition de leur parent, ce dernier, émerveillé, se fait présenter son nouveau monde. Le mort voit ses anciens parents sur la terre et entend tout ce qu'ils disent, leurs pleurs, leurs lamentations, leurs doléances..., mais il ne peut rien faire. Parfois certains morts stupéfaits de la réalité qu'ils découvrent dans le monde invisible, se moquent des vivants qui se lamentent à leur sujet.

Ces personnes mènent une vie comme dans le monde visible, Il y a des boissons, des cigarettes, ainsi que des filles ou des garçons pour divertir. Ils s'approvisionnent en nourriture parmi les aliments produits dans notre le monde visible. Certains viennent acheter, d'autres pour voler. La prostitution bat son plein parmi les filles du cimetière. Selon leur logique,Ils sont déjà condamnésàl'enfer pourquoi se priver des plaisirs du monde. Ils vivent dans l'opulence car d'après eux, ils n'ont plus rien à perdre ni rien à gagner, leur sentence est déjà tombée et ils attendent l'exécution en s'amusant pendant le temps de sursis. Avec de grosses et très belles voitures qui sont en fait des cercueils, ils viennent dans les boites de nuits et bars pour faire la fête au même titre que les vivants. Sachez qu'un cimetière situé dans un petit village ne connait pas les même activités et réalités qu'un cimetière situé dans une grande ville.

IV-4 : Peut-on pardonner à un défunt ou lui demander pardon ?

Je reçois un matin monsieur Albert pour une séance de prière, nous commençons la prière par réciter le chapelet :Je vous salue Marie, pleine de grâce, Le Seigneur est avec vous,vous êtes bénie entre toutes les femmeset Jésus, le fruit de vos entrailles, est béni.Sainte Marie, Mère de Dieu, priez pour nous, pauvres pécheursmaintenant et à l'heure de notre mort. Amen

Suite à nos supplications, un esprit se présente et dit venir aider Albert, je m'adresse donc à lui :

Bonjour, qui êtes-vous ?

Esprit : *Chantal*

Pourquoi êtes-vous venu ici ?

Esprit : *Je suis venu aider Albert*

Albert, connaissez-vousChantal ?

Albert : *Oui c'est ma tante, elle est morte, "tanti" ta mort nous a trop fait mal, je continue de tepleurer,j'aimêmerêvédetoi hier, je n'ai jamais pensé pouvoir te parler un jour, merci de venir m'aider sinon depuis tu es parti ma vie n'a pas changer.*

Je me tourne vers l'esprit, et je lui dis, merci tante Chantal de venir aider votre fils mais je voudrais profiter pour comprendre votre réalité dans l'autre monde. Dites-moi aimez-vous là ou vous vivezmaintenant ?

Esprit : *Qui vous* a *dit que je suis allé quelque part ?Je suis au village dans la mêmemaison,toujours en famille, quelque fois j'ai envie de me mêler aux conversations mais ils ne me voient pas et ne m'entendentpas.*

Vous n'êtes pas allé quelque part ? Etpourquoi ?

Esprit : *hum !... Je suis morte à cause de mon mauvais cœur, les mauvaises pensées que j'avais à l'égard de ma propre mère et de ma sœur, je leur voulais du mal, à tel enseigne que je planifiais leur mort et je suis tombé dans mon propre piège. A cause des mauvaises intentions dans mon cœur, les esprits protecteurs de la famille ont pris ma vie.*

Ok, je comprends, si vous faites l'effort depardonner aujourd'hui à votre mère et à votre sœur, vous serez déchargé de toutes vos souffrances, aussi vous pourriez trouver le chemin de la lumière.

Esprit : *Non, je ne peux pas.*

Pourquoi vous ne pouvez pas ?

Esprit : *Si je pardonne Rita, ma sœur va profiter de mes enfants, ils ont eu le BAC, bientôt ils vont réussir. Quand j'étais malade, elles ne m'ont pas envoyé àl'hôpital et ça me fait trop mal, je regrette de n'avoir pas été sorcière sinon j'allais les tuer et ce serait fini pour nous tous.*

Albert : *TanteChantal depuis tu n'es plus, c'est Rita ma mèresinon ta sœur qui s'occupe de tesenfants, c'est elle qui fait tout pour eux par ce qu'elle n'a rien contre toi. En plus aujourd'hui avoir le BAC ne garantit pas la réussite. Tu dois libérer ton cœur pour avoir la paix sinon ta souffrance continue. La jalousie et la haine t'ont emportées dans la mort elles ne sont donc pas la solution, quoi qui s'est passé pardonne et tu verras.*

Je me tourne vers l'esprit et je lui dis, nous ne sommes pas à un procès, vousavez fait vos choix, vous avez pris vos décisions, nous n'avons pas ledroit de vous juger mais que vousayez raison ou pas vous devez pardonner, vous ne voyez pas toute la souffrance que vous trainez dans l'au-delà ?Mettez-vous devantjésus etexpliquez-lui toute vos souffrances, et dites-lui tout ce que vous avez dans le cœur, soyez sincère et ilvous pardonnera.

Esprit : *Albert, tu te souviens quand je devais faire mon baptême, le pasteur au village m'avait dit de dire mes péchés et qu'après cela je serais pardonné mais pourquoi je n'ai pas été libérer de mesfardeaux ?*

Albert : *Tante, as-tu tout dis au pasteur ? Lui as-tu dis dit que tu voulais la mort de ta maman, lui as-tu expliqué comment tu planifiais l'humiliation pour ta sœur ?*

Esprit : *Non, je ne lui ai pas dit maisle pasteur devrait lui-même deviner et savoir ses choses sans que je le lui dise,n'a-t-ilpas dit qu'il est serviteur de Dieu ?*

Ne vous attardez pas sur ce qui est déjà passé, votre mère et votre sœur ne sont pas en colère contre vous et ne pense pas du mal de vous. Vous avez une nouvelle chance aujourd'hui, demandez pardon àjésus, ne ratezpas cette occasion, profitez-en pour vouslibérer de vossouffrances, dites tout àjésus.

Manifestant son mécontentement, l'esprit se mit à genoux pour demander pardon et tout expliquer à jésus à voix basse. Quelque minute plus tard tante Chantal dit :

C'estfini, je me sens soulager mais je ressens encore une petite douleur.

Ok, cela veut dire que vousavezomis quelque chose d'important, recommencez et cette fois-ci et pardonnezàtoute votre famille.

Après un temps de silence, on entend :

Esprit :*Ça va maintenant, je me sens mieux, merci de m'aider, je ne savais pas que le pardon pouvait faire autant de bien.*

Tante Chantal, vousêtes venu aider Albert, vous pouvez maintenant le faire.

Tante Chantalprofita du peu de temps qui lui restait pour aider sonneveuAlbert, en lui prodiguant beaucoup de bon conseilles, elle ne pouvait pas s'empêcher de dire merci pour ce bonheur qu'elle venait de découvrir grâce au pardonet quand elle a fini j'ai demandé qu'elle soit guidée vers la lumière, ce qui fut fait.

À l'approche de la mort, il n'est pas rare que des personnes et parfois des familles entières fassent une profonde expérience de réconciliation. Signe que s'ouvre une nouvelle étape, où les relations ne doivent pas rester prisonnières de ce qui a été mal vécu. Mais que devient la paix retrouvée ? Vaut-elle seulement pour un ultime moment, ou bien a-t-elle un avenir ? Et qu'en est il quand la mort dresse un mur de silence entre des personnes encore séparées par un passé d'hostilité et de rancœurs ?

Certes, les conditions de la relation sont radicalement changées. La foi chrétienne est réaliste, elle sait que les morts se taisent et qu'ils échappent à nos prises. Elle n'encourage pas la recherche des gens qui sont en quête de communication avec les défunts. Mais elle affirme que les relations ne sont pas rompues, loin de là. Nombreuses sont les personnes qui, ici-bas, font l'expérience après un décès que leurs relations avec le défunt peuvent se poursuivre et même s'approfondir.

Peut-on pardonner à un défunt ou lui demander pardon?Oui, nous le pouvons, Il arrive souvent que l'on regrette de ne pas avoir demandé pardon à quelqu'un avant sa mort.En particulier lorsque la mort est arrivée subitement ou à cause de la grande colère, nous avons juré de ne jamais lui pardonner. Des moments oubliés reviennent alors. On revoit tout ce que nous avons fait de mal, des fautes précises mais aussi ces impatiences vis-à-vis d'un enfant ou d'une épouse, ces petits manques d'amour, on regrette le bien qu'on n'a pas fait. D'autres, même sans avoir le sentiment d'une faute, ont cette impression douloureuse" Il est parti alors que nous n'étions pas dans les meilleurs termes. " Nous voudrions avoir mieux aimé.

Que faire ? Il n'est plus là, ni pour écouter notre demande de pardon, ni pour y répondre.

Dans cette situation, même si l'on n'est ni chrétien ni croyant, la pensée d'une vie éternelle nous sera d'un grand secours, parce que et nous le percevons bien, si la vie de cette personne s'est arrêtée ici-bas, il y a " au-delà " de la mort, un mystère. Tout ce qui a été vécu de beau, de profond, de vrai, tout l'amour donné par cette personne ne peut s'anéantir comme une illusion. Ce qui nous distingue, c'est la capacité de poser des actes pour l'éternité. C'est cela, avoir une âme, oui, au-delà de la mort, persistera ce qui, en nous, a cherché le vrai, a contemplé le beau. Avoir vu sourire un enfant et l'avoir aimé. L'amour ne meurt pas. Même si nous ne savons pas bien ce que c'est, nous savons bien au fond de nous-mêmes " qu'il y a quelque chose". Si donc il y a ce quelque chose, l'âme du défunt qui est vivante quelque part, peut nous pardonner et va nous pardonner si nous lui demandons sincèrement pardon quel que soit ce qui s'est passé.

Pardonner à quelqu'un ou accepter que quelqu'un nous pardonne, c'est ouvrir un avenir commun où l'on est libéré du poids du passé. Non seulement la relation est restaurée, mais elle est renouvelée, entraînée sur des chemins jusque-là insoupçonnés.Ce qu'on a vécu ensemble revient à la mémoire sous un jour nouveau, et les sentiments qu'on éprouve peuvent s'en trouver transformés. Si les relations étaient mauvaises, le pardon est encore possible et ce qui a été blessé peut guérir.

IV-5 :Ou inhumerle défunt ?

N'enterrez pas les morts n'importe où et n'importe comment, l'idéal serait dans le cimetière familial s'il y en a ou dans son propre village ouencore sur la terre familiale. Le lieu de l'enterrement est très important, les cimetières publics peuvent constituer un piège pour le défunt dans l'au-delà. En Afrique, les portions de terre utilisée comme cimetièrepubliqueappartiennentà des familles ou à des communautés qui détienne des droits sur ses portions de terre dans le monde visible comme dans le monde invisible. Même si officiellement cescimetières sont ouvertsàtous,cela peut constituer un piège pour beaucoup de personne dans l'au-delà.

Je reçois mademoiselle Flora pour une prière de délivrance, nous commençons la prière par réciter le chapelet :Je vous salue Marie, pleine de grâce, Le Seigneur est avec vous,vous êtes bénie entre toutes les femmeset Jésus, le fruit de vos entrailles, est béni.Sainte Marie, Mère de Dieu, priez pour nous, pauvres pécheursmaintenant et à l'heure de notre mort. Amen

Au cours de la prière,un esprit se présente et dit venir aider mademoiselle Flora alors je m'adresse à lui :

Bonjour et bienvenue.

Esprit :*Oui, Bonjour monsieur.*

Toujours les yeux fermés, je sentais que l'esprit était épuisé, je lui demande :

Qu'avez-vous ? Où êtes-vousquitté pour être si fatigué ?

Esprit :*Je viens d'avoir quelque minute de repos, à peine je me couche, vous venez me déranger, je suis vraiment fatiguée.*

MademoiselleFlora est surprise par la réponse qu'elle entend, elle qui avait souri quand je lui ai dit :

Votre père est là, il veut vous aider, elle croyait qu'il allait lui sauter dessus pour l'embrasser car les deux s'aimaient beaucoup et étaient inséparable. Sans oublier toutes les dépenses qu'elle avait fait lors des funérailles de son père afin que ce dernier soit enterré dignement quatre mois plus tôt, elle se tourne vers moi et me demande : *vous êtes sûr que c'est mon père qui est venu m'aider ?*

Je lui réponds oui mais il est très fatigué, je demande àl'esprit, vous ne dormez pas là-bas ou quoi ?Votre fille est là, au lieu de lui sauter dessus pour l'embrasser, vous avez choisis de venir dormir.

Esprit : *Pardon ma fille, je n'ai rien contre toi, je suis content de te voir, tu ne peux pas l'imaginer,quand ils sont allés me dire de venir t'aider, j'ai accepté malgré la fatigue et l'épuisement par ce que je t'aime beaucoup mais depuis je vous ai quitté je souffre.*

Papa de Flora, vous souffrez ? Qui vous fait souffrir ? Vousêtes esclave ?

Esprit : *Oui, je travaille sans repos c'est trop dur, trop pénible.*

Vous êtes esclave de qui ? Il vous donne àmanger ?

Esprit : *Hum ! Je suis esclave des propriétaires terriens.*

Propriétaires terriens ? Flora m'a dit que vous avez été bien enterré à Tiassalé (ville de Côte d'Ivoire)

Esprit : *Oui mais la terre ne nous appartient pas donc le cimetière ne nous appartient pas, seuls les propriétaires terriens font la loi, nous sommes réduitsà rien, nous qui avons été enterré sur leur sol et c'est sans espoir.*

Mais n'avez-vous pas été enterré à coté de vos parents ? Ils sont aussi esclave ?

Esprit : *Oui, c'est justement ce que je vous explique, j'ai trouvé mes parents qui m'ont devancé dans la mort, nous sommes tous esclave.Vous me faites bavarder, mon temps est presqu'arriver, je dois aider ma fille et repartir, je ne veux pas qu'il constate mon absence sinon j'aurai de sérieux ennui.*

Ok, jevais vous laisser l'aider mais quel conseille pouvez-vous donner à votre fille?

Esprit :*Ce conseille est pour toi ma fille et pour ceux qui veulent comprendre les réalités du monde invisible, Que les gens s'attachent vraiment à Jésus-Christ, je n'ai pas été un bon chrétien sinon ma vie ne serait pas ce qu'elle est aujourd'hui , J'ai fait le mauvais choix et si seulement je pouvais recommencer, si seulement je pouvais avoir une nouvelle chance mais c'est trop tard pour moi. Que jésus sois tout pour toi ma fille et prend la vierge Marie comme ta mère. de plus, sachez-le c'est très important, que les gens n'enterrent pas leur mort n' importe où et n'importe comment, je suis devenu esclave des propriétaires terriens dans ce monde-ci parce que la terre où j'ai été enterré leur appartient, je ne suis pas le seul dans ce cas , nous sommes très nombreux mais les gens de votre monde ignorent cette réalité ,après avoir dépenserbeaucoup d'argent pour enterrer leur mort , ils vont déposer des pots de fleur sur les tombent pensant que nous sommes au paradis alors que c'est totalement le contraire, , même si je ne devais pas aller au paradis à cause des choix que j'ai fait, je pouvais être un esprit libre , un esprit errant libre de mes mouvement . Mais là, à cause de l'endroit où j'ai été enterré et qui vous a d'ailleurs couté très cher, je souffre ici, le lieu de l'enterrement du défunt est trèsimportant. Ma fille ne l'oublie jamais, je ne vous en vœux pas, mais retient-le et répète le à qui veux l'entendre, n'enterrez pas les mortsn'importe où.*

Ok, ne vous en fais pas, votre fille va faire des demandes de messes pour vous afin que vous soyezlibérée de cette souffrance.Il s'est donc occuper t'aider sa fille en lui donnant beaucoup de conseilles avant de retourner dans son monde.

Cependant, Venu pour un second rendez-vous, cinq (5) mois plus tard, le même esprit revient. Je m'adresse à lui :

Bonjour, comment allez-vous ?

Esprit : *Bonjour, non seulement ma fille ne prie pas pour moi, mais elle ne fait pas de demande de messe pour moi. J'ai su qu'elle venait ici aujourd'hui, j'ai donc tout fait pour venir lui parler.*

Je me tourne vers mademoiselle flora, est-ce vrai que vous n'avez pas fait de demande de messe pour votre papa ?

Flora : papa, je vais faire tes demandes de messe.

Esprit : *monsieur, ma fille m'a oublié, de là-bas, je vois sa souffrance, je vois tous ceux qui lui veulent du mal mais moi-même ma souffrance est plus grande que la sienne. Comment je peux trouver la force pour l'aider puisqu'elle m'a abandonné ? De tous mes enfants elle est la brunelle de mes yeux et elle le sait. Depuis notre dernière rencontre ici même, j'étais heureux parce qu'elle étaitrepartie d'ici avec une grande force dans la prière et elle priait beaucoup, même si ce n'était pas pour moi, et cela me faisait énormément plaisir mais petit à petit, elle a baissé les bras, la paresse et le découragement ont repris place dans sa vie. Ses ennemis et adversaires ont profité de son assoupissement pour lui voler les biens et bénédictions que je lui avais restituées.*

Merci papa d'être revenu, aujourd'hui même, vousserez délivré de votre souffrance, vous allez quitter l'esclave pour rentrer dans la lumière, vous trouverez le repos et le bonheur que vous souhaitez. C'est une faveur que nous vous faisons au nom de jésus afinque de là-haut, vous puissiez vraiment aider votre fille.

Rempli de joie pour ce que je venais de lui dire, il se mit à parler sans s'arrêter ;

Esprit : *mon fils moi-même j'étais chrétien, baptiser, confirmer. Je partais à l'église avec ma femme mais je reconnais que je n'ai pas été bon chrétien, je ne vivais pas en chrétien, je croyais que la vie s'arrêtais aux portes de la mort. J'ai été très en colère contre Dieu à cause des circonstances qui ont fait que je n'avais pas pu assister à l'inhumation de mon fils décédé six mois avant moi. Aujourd'hui nous sommes dans le même endroit dans l'au-delà et c'est comme s'il n'avait jamais été mon enfant, à cause de la grande souffrance, chacun s'occupe de ses propres problèmes, c'est "chacun pour soi". Je ne peux pas l'approcher et lui non plus. Chacun lutte pour trouver un peu de réconfort, un peu de repos mais hélas. J'ai été chrétien et pourtant je me retrouve au même endroit avec des brigands, des meurtriers, des sorciers, c'est terrible tout ça. Si seulement je pouvais avoir une nouvelle chance. Il y a des gens qui passent leur temps à faire du mal aux autres par ce qu'ils ont beaucoup d'argent, ils pensent que leur fortune ou celle de leur famille peuvent les sauver, malgré les messes de requiem, les grands funérailles, ils sont avec nous.*

Mettez-vous à genoux et demandez pardon à jésus pour tous vos fautes commises, que vous ayez raison ou pas, pardonnez à tous ceux qui vous ont offensés, pardonnez à tous. Là où vous partez, il n'y a pas de colère là-bas, pas de rancune, pas de jalousie, pas de haine.

Après qu'il finit d'aider sa fille, la porte s'ouvrit et tout heureux de ce qu'il voyait pour la première fois, il entra dans la lumière le cœur rempli de joie.

IV-6 : C'est qui, un esprit errant ?

Un esprit errant est un défunt dont la conscience et l'esprit survivants sont passés à une longueur d'onde différente de la nôtre.C'est donc une enveloppe énergétique égarée qui n'a pas franchie l'étape qui suit la mort.Cette enveloppe énergétique est appelée aussi âme désincarnée ou à tort, dans le langage populaire "fantôme".

Un fantôme est une apparition, une vision ou une illusion, interprétée comme une manifestation surnaturelle d'une personnedécédée. Les fantômessontsouventappelésrevenants, spectresou, plus rarement, ombres, toutefois les termes ne sont pasrigoureusementsynonymes car un revenant est l'apparition d'un mortconnu, dans une apparence identique à celle qu'il avait de sonvivant, tandis qu'un fantôme est une image floue,lumineuse,brumeuse et inconsistante qui parait flotterau-dessus du sol.

Les esprits errants sont des humains décédés, qui, sous une forme de conscience "astrale"sont retenus dans notre espace-temps.Ils trainent dans notre monde parce qu'ils ne peuvent pas entrer dans lalumière à cause de leur péché «*celui qui croit au Fils à la vie éternelle ; celui qui désobéit au Fils n'aura pas cette vie, mais il reste exposé à la colère de Dieu* »jean3,38.Ils ne peuvent pas aller au paradis parce qu'ils avaient choisi de vivre sans Jésus-Christ et beaucoup restent enchainés aux plaisirs de ce monde pour de multiples autres raisons.En fait, quand quelqu'un qui n'a pas l'Esprit de Dieu ou qui ne vit pas une vie qui plait à Dieu meurt, Il n'y aura pas d'ange pour escorter la personne et la conduire au Ciel. Cesesprits errent sans aucune notion du temps linéaire qui est le nôtre, parfois depuis plusieurs milliers d'années.Généralement, on côtoie ces esprits sans qu'il y ait d'interactions mais dès que nous nous intéressons à eux sans précautions, ils investissent nos corps.Certainsesprits s'attardent parce qu'ils sont préoccupés de voir leurs dernières volontés honorées, leurs obsèques organisées comme ils le souhaitaient ou bien ils veulent savoir ce que leur famille effectuera de leurs biens.D'autres s'attachent à une personne qui leur a démontré de la compassion au moment de leur mort. La personne compatissante ouvre la porte et l'esprit errant peut alors entrer dans son corps et y rester, causant bien évidemment des problèmes.

Dans certains cas,suite à un décès brutal suite àun accident, un assassinat,un attentat à la bombe, ou à la guerre...Certaines personnes ne comprennent pas qu'elles sont mortesouont du mal à l'accepter,ellesn'ont pas conscience de leur étatet sont un peu perdus. Elles errent en cherchant oùelles doivent aller,ellescherchent à retrouver leur famille ou leur maison,ellesne comprennent pas qu'on ne les voit pas et souhaite désespérément rencontrer quelqu'un capable de communiquer avec eux pour leur dire où aller et quoi faire.D'autrespersonnesont compris qu'elles étaient mortes et sont malheureusement toute seul face à leur sort, elles se rappellent du pasteur, du prêtre ou de la personne qui leur parlait de jésus et de la vie après la mort maishélas, que de regrets,elles ne savent pas comment réparer leurs erreurs alors elles se mettent à chercher de l'aide et pensent avoir quelque chose à dire, à faire ou à communiquer à un de leur proche.

Ces Esprits errant qui ne sont rien d'autre que nos chers disparus, restent pour la plupart attachés à notre Terre où ils ont vécu. De la même manière, qu'à chaque instant, nous influençons les personnes que nous côtoyons, les esprits errants ont toujours envie de retourner vers ceux qu'ils ontaimés ou détestés. Vous verrez que de nombreux exemples sont là pour témoigner qu'il vaut mieux avoir la connaissance plutôt que de subir par ignorance. Le rêve, quand le corps physique est plongé dans le sommeil, est un autre moyen utilisé par les forces de l'Esprit pour rétablir des relations. Plus étonnant encore les expériences de mort imminente, lorsque la vie ne tient plus qu'à un fil et que le contact s'établit avec des êtres de l'au-delà.

Les difficultés arrivent quand ces esprits vampirisent directement nos corps car ils trouvent en nous une résonnance, une faiblesse, fuites, blessures, meurtrissures qui permettent le passage.Un esprit errant recherche de l'énergie, c'est son carburant, il va donc s'investir dans des corps physiques qui permettent le passage, toujours des personnes plus faibles et fragiles, enfants en bas âges, nourrissons, handicapés, personnes âgées, alcooliques, drogués, personnes faibles et désœuvrées mais aussi parfois des personnes qui ont eu dans leur vie des moments de fragilité pour des raisons diverses, ce qui favorise la greffe.Nous nous apercevons alors que parfois un de ces esprits présents chez une maman enceinte peut effectuer un transfert vers son futur bébé sans qu'ellele sache. Ceci a bien sûr des conséquences catastrophiques sur le devenir de cet enfant qui vient au monde avec unesprit autre que lui dans son corps causantdes dérèglements pouvant affecter l'organisme et provoquant très souvent des retards de développement physiques mais aussi des troubles mentaux. Un esprit qui traine depuis quelques milliers d'années, est chargé d'un tel poids de nocivités que son existence même n'est justifiée que par la recherche d'un nouveau corps physique, s'il vous perçoit comme une nouvelle énergie et qu'il se rend compte qu'il peut se transférer sur vous par ce que Jésus-Christ n'est pas en vous, il le fera sans aucunes difficultés.

IV-7 : Ne pleurez pas sur vos défunts, aidez-les !

L'état d'errance n'est pas définitif, quel que soit le temps ou la durée qu'un esprit peut mettre à errer, il doit continuer son chemin, **la finalité c'est le paradis ou l'enfer**. Ce qui veut clairement dire que même étant mort, le défunt a encore une chance d'être sauvé. «*Si notre espérance dans le christ est valable uniquement pour cette vie, alors nous sommes les plus à plaindre de tous les Hommes* » 1Cor 15,19. «*Louez le seigneur, car il est bon, et son amour n'a pas de fin*» Ps 106,1.Malgré les nombreux péchés qui ont conduit le défunt à devenir un esprit errant et même dans cette situation d'errance, Dieu continu toujours de l'aimer, en effet «*Le seigneur garde sa bonté pour nous les vivants comme pour ceux qui sont mort* »Ruth 2,20.Louez-le encore et encore, louez-le de siècle en siècle car il est vraiment bon « *oui, le seigneur est bon et son amour n'a pas de fin ; de siècle en siècle il reste fidèle*». Ps100, 5.

Prier pour les défunts est indispensable. Cela s'est fait de tous temps, malheureusement nous avons tendance à l'oublier, à croire souvent que tout se termine au dernier soupir. Pourtant il n'en est rien, et l'on remarque souvent des phénomènes mystérieux les jours suivant la disparition d'un proche : lampes ou radios s'allument seules, clignotants ou phares de voiture se mettant en marchent sans personne à l'intérieur, téléphone sonnant sans interlocuteur sont des preuves irréfutables de l'existence de la vie après la mort. Le défunt devenu invisible à nos yeux de terriens car il a perdu son corps physique mais il vous fait signe, vous prouve qu'il est là,qu'il vous aime et surtout demande de l'aider, de ne pas l'abandonner.

A cause de la vie qu'elle a menée, des décisions qu'elle a prises, le choix qu'elle a fait de vivre sans jésus, la personne qui vient de décéder devient unesprit errant. Noyé dans l'obscurité, découvrant un monde hostile dont il ne connait rien et qui lui fait peur, il est comme un enfant qui vient de naitre. Si personne de nos jours ne pense abandonner un nouveau-né sur terre, il est tout aussi criminel d'abandonner un nouveau-né dans l 'au-delà. C'est au contraire le moment ou jamais de montrer que vous l'aimer et celui qui aime aide. Non seulement ce défunt est triste d'avoir dû quitter ceux qu'il aimait et avaient l'air de bien le lui rendre, mais sa déception est immense de voir que ses proches lui tournent le dos, le laissant seul et abandonné à son triste sort.

Certaines confessions issues de la réforme protestante ne prient pas pour les défunts. Ils croient que le sort éternel du défunt est définitivement fixé au moment de son décès, que ni le défunt lui-même, ni les vivants ne peuvent rien faire après le décès pour changer ou influencer son statut dans l'au-delà. Comme preuve de cette doctrine, ils citent la parabole de Lazare et du mauvais riche dans Luc 16,19-31. En particulier quand dans les tourments de l'enfer Abraham dit au riche : « *mon enfant souvient toi que tu as reçu beaucoup de biens pendant tavie tandisque Lazare a eu beaucoup de malheurs. Maintenant, il reçoit ici sa consolation, tandis que toi tu souffres. De plus, il y a un profond abîme entre nous et vous ; ainsi ceux qui voudrait passer d'ici vers vous ne le peuvent pas et l 'on ne peut pas non plus parvenir vers nous de là ou tu es. le riche dit :" je te prie donc, père, d'envoyer Lazare dans la maison de mon père, ou j'ai cinq frères. Qu'il aille les avertir, afin qu'ils ne viennent pas eux aussi dans ce lieu de souffrances." Abraham répondit : " tes frères ont Moïse et les prophètes pour les avertir : qu'ils les écoutent ! « Le riche dit : " cela ne suffit pas, père Abraham. Mais si quelqu'un revient de chez les morts et va les trouver, alors ils changeront de comportement." Mais Abraham lui dit : «"s'ils ne veulent pas écouter Moïse et les prophètes, ils ne se laisseront pas persuader même si l'un des mort revenait à la vie*"». Ils citent aussi l'Epitre aux Hébreux « *tout homme est destiné à mourir une seule fois, et après cela à être jugé par Dieu* »Heb 9,27. Pour la plupart des protestants seule l 'Ecriture sainte a une valeur en matière de foi.

Si la prière pour les défunts est fondée surtout dans la tradition de l'église, tradition qui suit la pratique juive, elle n'est pas sans fondements biblique. Le deuxième livre des Maccabées (livre deutérocanonique non accepté par les protestants), raconte que judas, chef des Maccabées, avait ordonné des prières et des sacrifices pour les soldats juifs tués lors d'un combat « *après la bataille, Judas regroupa son armée et se rendit à la ville d'Adoullam. Le jour du sabbat allait commencer ; ils se purifièrent donc selon l'usage et c'est là qu'ils célébrèrent le sabbat. Le lendemain, il devint urgent pour Judas et ses hommes d'emporter les corps des juifs tombés au combat pour les déposer près de leurs parents dans les tombeaux de famille. Mais ils trouvèrent sous les vêtements de chacun des morts des objets sacrés provenant des idoles adorées à Jamnia ; or, la loi interdit aux juifs de prendre de tels objets. Ce fait révéla clairement à tous la raison pour laquelle ces soldats étaient morts. Tous se mirent donc à louer le seigneur, le juste juge, qui met en lumière ce qui est caché. En même temps, ils lui adressèrent leurs supplications pour lui demander d'effacer complètement la faute commise. Après quoi, Judas, l'homme au grand courage, engagea ses troupes à se garder d'un tel péché : chacun avait pu en voir de ses propres yeux la conséquence funeste pour les coupables. Judas fit une collecte parmi ses soldats, qui rapporta environ deux mille pièces d'argent. Il envoya cette somme à Jérusalem afin qu'on y offre un sacrifice pour obtenir le pardon de ce péché. Il fit ainsi une action forte belle et louable, en montrant qu'il croyait à la résurrection des morts. En effet, s'il n'avait pas espéré que les soldats morts ressusciteraient un jour, il aurait été superflu et stupide de prier pour eux. En outre, judas était certain qu'une magnifique récompense est réservée à ceux qui meurent en demeurant attachés à Dieu et c'était là une conviction sainte, digne d'un fidèle ! Voilà pourquoi il fit ce sacrifice en faveur des morts, afin qu'ils soient pardonnés et libérés de leur faute* » 2Maccabees 12,38-45. Ce passage, pour la première fois dans les écrits juifs démontre la conviction que la prière et lesacrifice expiatoire des vivants sont efficaces pour la rémission des péchés des défunts, tout en affirmant la certitude de la résurrection. Un autre passage dans ce même livre parle de la prière d'intercession des saints défunts en l'occurrence l'ancien grand prêtre Onias et le Prophète Jérémie, pour lesvivants «*c'est ainsi que Judas arma chacun de ses hommes, non pas de la sécurité que donnent boucliers ou lances, mais de la force communiquée par ses paroles convaincantes. Finalement, il leur raconta un rêve digne de foi, par lequel il les réjouit tous. Voici ce que judas avait vu dans ce rêve : il avait distingué Onias, l'ancien grand-prêtre, homme aux grandes qualités, d'apparence modeste et de caractère aimable, aux paroles pleines de bon sens, qui avait appris dès son enfance à pratiquer tout ce qui est honnête etdroit.Onias, les mains levées, priait pour l'ensemble du peuple juif. Ensuite, judas avait vu apparaitre un personnage aux cheveux blancs, à l'air très digne, remarquable par l'autorité impressionnante qui se dégageait de sa personne. Onias déclarait : " voici Jérémie, le prophète de Dieu, qui nous aime, nous ses frères, et qui prie beaucoup pour notre peuple, ainsi que pour Jérusalem, la ville sainte ". Puis, de sa main droite, Jérémie tendait à judas une épée en or. En la lui remettant, il disait : " cette sainte épée est un don que Dieu te fait. Prends-la et, grâce à elle, tu mettras tes ennemis en pièces.* " » 2Maccabées 15,11-16. En effet, Onias et Jérémie n'étaient plus du monde des vivants, cependant Judas explique à ses soldats que de là où ils étaient, ils priaient pour eux. Aussi le verset de l'Epitre aux Hébreux 9,27 déjà cité ne peut pas être compris indépendamment du verset suivant qui se lit : « *de même, le christ aussi a été offert en sacrifice une seule fois pour enlever le péché de beaucoup d'hommes. Il apparaitra une seconde fois, non plus pour enlever le péché mais pour sauver ceux qui l'attendent*» Heb 9,28. Ceux qui attendent le christ sont non seulement les vivants, mais aussi les morts dont le destin éternel ne serait fixé définitivement qu'au deuxième avènement du christ ou jugement dernier.

La prière pour les défunts est plus qu'une pratique du chrétien pieux, c'est en fait un devoir de la vie chrétienne. « *Dieu est amour* » 1jean 4,8 et la vie doit elle aussi être amour. L'âme du défunt ne peut pas changer d'elle-même dans l'autre monde, ni acquérir ce qu'elle n'avait pas dans la vie terrestre, illui faut une aide et nous devons l'aider.Chaque défunt veut aller au paradis, c'est comme l'instinct de survie sur terre. Dans cette terribleépreuve, il a besoin plus que jamais de l'amour et des prières de ceux qui restent sur terre.

IV-8 : Comment aider le défunt ?

- Offrir la messe.

Une messe célébrée à l'intention d'un défunt a une valeur inestimable. C'est le plus beau cadeau qu'on puisse offrir à un être cher qui nous a quitté, la prière la plus puissante à son égard.Les premiers chrétiens remplaçaient les banquets païens en honneur des morts par la célébration de l'eucharistie en mémoire des défunts. Ainsi il n'était plus question de tribut aux dieux païens pour les forcer à protéger les défunts, mais d'union à la prière du christ s'offrant au père, pour le salut de tous les hommes. L'église a toujours honoré la mémoire des défunts et offert des suffrages en leur faveur en particulier le sacrifice eucharistique afin que purifiés, ils puissent parvenir à la vision béatifique de Dieu (catéchisme de l'église Catholique, n°1032). Le saint Curé d'Ars disait : « toutes les bonnes œuvres réunies n'équivalent pas au sacrifice de la messe parce qu'elles sont les œuvres des hommes et la sainte Messe, l'œuvre de Dieu, elle est le sacrifice que Dieu fait aux hommes de son corps et de son sang ».

Offrir des messes pour les défunts n'est pas une preuve de superstition mais un acte fort qui œuvre à la libération rapide des défunts et confirme l'espérance du ciel dans le cœur de tous les vivants. C'est le cri plein de joie que lançait saint Cyprien au troisième siècle : « notre patrie, c'est le ciel ... là un grand nombre d'êtres chers nous attend, une immense foule de parents, de frères et de fils nous désire, assurés désormais de leur salut, ils pensent au nôtre .... Hâtons-nous d'arriver à eux, souhaitons ardemment d'être vite auprès d'eux et d'être vite auprès du christ ». Par son sacrifice que la messe actualise parfaitement, jésus prend sur lui tous nos péchés pour faire passer jusqu'en celui en qu'il n'y a aucune ombre son père. Bien sûr, nous souhaitons que tous nos défunts entrent immédiatement au ciel dans l'assemblée des saints. Or il se peut qu'au moment de la mort, leur être soit marqué par le péché et soit encore imparfaitement purifié. Le seigneur dans sa grande miséricorde a voulu le purgatoire. C'est une expérience de purification pour laquelle les défunts ont particulièrement besoin de la prière de l'église.

Chaque messe est célébration de ce salut gratuitement pour les vivants et pour les morts de cette génération, comme ceux des générations passées, sur qui elle exerce sa puissance de purification et de guérison. En effet si au moment de mourir quelqu'un n'est pas totalement purifié, sa purification dépend de la miséricorde de Dieu et aussi de l'intercession du corps mystique du christ, notamment de la prière des vivants. Sont donc importantes les prières répartitrices pour solliciter du seigneur l'absolution des âmes des défunts. Attention ce n'est pas une démarche magique mais une démarche spirituelle dans laquelle, il est important de participer spirituellement par la prière et les gestes de réconciliations. Dans le domaine spirituel, il n'y a plus la notion de temps ni de distance et même si nous ne pouvons pas participer à la messe physiquement, il est important d'entrer spirituellement dans toute la démarche.

Il ne faut pas attendre la toussaint pour prier pour le défunt ou se limiter à une seule demande de messe, il faut faire beaucoup de demande de messe, offrir la messe jusqu'à être convaincu que le défunt est sauvé. Un défunt m'a avoué qu'il se sentait soulager par la demande de messe que fessait son fils pour lui mais selon ce défunt, très insuffisant pour le délivrer de sa souffrance." Dit mon fils que je suis là, je ne suis pas allé quelque part, qu'il fasse beaucoup plus de demande de messe pour moi, je souffre ici, qu'il ne m'oublie pas ". Quand vous le pouvez, n'hésitez pas à le faire, votre mari, votre femme, votre enfant ou votre ami... est peut-être en train de souffrir terriblement dans l'autre monde et c'est peut-être sur vous qu'elle compte pour être sauvé, s'il vous plait, ne lui tourner pas le dos. C'est bon de dépenser beaucoup d'argent pour acheter un joli cercueil ou organiser des funérailles grandioses mais c'est encore mieux de l'aider à se purifier pour trouver le chemin de la lumière. Pourquoi ne pas lui offrir la messe pendant un an, soit 365 jours /365 ? Une demande messe tous les jours pendant un an. La demande de messe ne garantit pas que le défunt est/ ou sera forcément sauvé mais c'est une démarche qui l'aidera.

- Avec une bougie à la main faire cette prière

Dieu créateur du ciel et de la terre, Dieu des esprits et de toute chair, Dieu qui as foulé au pied la mort,Dieuqui a réduit le diable à néant et qui a donné ta vie au monde ;

Donne toi-même, seigneur jésus, à l'âme de (...) le repos éternel, dans un lieu lumineux, verdoyant et frais, loin de la souffrance,loin de la douleur et des gémissements ;

Dieu bon et miséricordieux,pardonne-lui tous ses péchés commis en parole, en action et en pensé. Parce qu'il n'existe pas d'homme qui vive et qui ne pèche pas, Toi seul est sans péché, prend pitié seigneur Dieu tout puissant de l'âme de (...) et sauve-le ;

O christ notre Dieu, puisque tu es la résurrection et la vie, dans ta grande miséricorde, accorde le repos à ton serviteur(...) ;

Nous te rendons grâce pour ton immense gloire, Dieu père, Dieu fils, Dieu esprit Saint, Dieu bon et vivant, aujourd'hui et pour les siècles et des siècles.Amen

Que (...)repose en paix au nom de jésus. Amen.

Allumer la bougie pour la laisser consumer jusqu'à la fin.

Faire cette prière autant de fois que possible, tant que vous avez la force de le faire, faites-le, le défunt comprendra qu'il n'est pas seul, qu'il n'est pas abandonné, et votre détermination dans la prière peut lui ouvrir le chemin de la lumière.

- Chapelet de la divine miséricorde

Il se récite avec un chapelet ordinaire

- ✓ Un Notre père
- ✓ Un je vous salue Marie

- ✓ Un je crois en Dieu

Sur les gros grains : « Père éternel, je t'offre le corps et le sang, l'âme et la divinité de votre fils bien aimé, notre seigneur Jésus-Christ, en réparation de nos péchés et de ceux du monde entier ».

Sur les petits grains : « Par sa douloureuse passion, soyez miséricordieux pour nous et pour le monde entier ».

A la fin du chapelet : « Dieu saint, Dieu fort, Dieu éternel, prenez pitié de nous et du monde entier » (x3).

Invocations possibles :

Cœur sacré de jésus, j'ai confiance en vous.

Cœur immaculé de Marie, j'ai confiance en vous.

Sainte Faustine, priez pour nous.

Le chapelet de la miséricorde est une prière donnée par jésus à Sœur Faustine, promettant de nombreuses grâce à celui qui implore sa miséricorde par ce moyen. Le chapelet de la divine miséricorde se dit de préférence à 15h, heure de la mort de notre sauveur Jésus-Christ, à cette heure, vous pouvez tout obtenir pour vous et pour les autres. A cette heure, la grâce a été donnée au monde entier, la miséricorde l'a emporté sur la justice.

Bienvenue monsieur Jean Christophe, vous avez fait un long voyage pour honorer votre rendez-vous, nous allons commencez la prière avec la récitation du chapelet :

Je vous salue Marie, pleine de grâce, Le Seigneur est avec vous,vous êtes bénie entre toutes les femmeset Jésus, le fruit de vos entrailles, est béni.Sainte Marie, Mère de Dieu, priez pour nous, pauvres pécheursmaintenant et à l'heure de notre mort. Amen

Pendant que nous sommes en train de prier, un esprit se présente :

Bonjour, qui êtes-vous ?

Esprit *: Je suis venu libérer mon fils.*

Jean Christophe, c'est votre père.

Jean Christophe *: Quel père ? Mon histoire et compliqué, j'ai deux papas, je n'ai pas connu mon vrai papa, c'est mon père adoptif qui a tout fait pour moi, je veux savoir, duquel papa s'agit-il ?*

Esprit *: Je suis ton vrai papa, ton père géniteur.*

Ah ! Papa soyezle bienvenu.

Esprit : *Je suis venu libérer mon fils, à cause de la grande colère qui m'animait, j'ai mauditmon fils, j'ai jeté sur lui une malédiction.*

Jean Christophe : *Hum ! Mon père géniteur, il est mort, j'ai même été sur sa tombe, j'ai voulu le rencontrer face à face pour comprendre pourquoi il ne m'a pas accepter comme son fils, mais hélas, il était déjà mort quand j'ai trouvé sa trace.*

L'esprit s'adresse à moi et dit : *monsieur, je ne suis pas venu pour bavarder, c'est à cause de moi que mon fils souffre alors qu'il ne m'a rien fait, en fait je n'ai aucune colère contre lui, je veux enlever la malédiction qu'il traine afin qu'il entre dans sa grâce. Pour le reste sachez que je ne suis pas venu pour discuter et je n'ai rien d'autre à vous expliquer.*

Ok, pendant que vous me parlez, je ressens toute la colère et la haine qui vous anime, il est vrai quevous êtes venu libérer votre fils mais vous avez besoin vousaussi d'être libérer, avec toute cette douleur que vous portez dans la mort, je n'ose pas imaginer votre souffrance, d'ailleurs comment avez-voussu qu'il venait me voire aujourd'hui ? Vousêtes un esprit errant et depuis vousêtes mort, vous lesuivez partout oùil va. Que vous ayez raison ou pas, vous devez vous exprimer et pardonner.

Esprit : *Non, je ne peux pas pardonner. Non, ce qu'elle m'a fait n'est pas du tout acceptable je ne peux jamais lui pardonner.*

Vous devez pardonner. Si vous le faites, je vous montre le chemin de la lumière et votre situation changera aujourd'hui même, dans le lieu où je veux vous envoyer il n'y a pas de haine, pas de jalousie, pas de colère. Nous ne nous sommes jamais rencontrés et je ne connais pas non plus votre vie passéemais vousêtes venue aider votre fils et j'en suis témoin mais dites-moi voulez-vous continuer à souffrir dans l'au-delà ? Aimez-vous votre situation actuelle ? N'êtes-vous pas fatigué de la vie d'errance ?

Esprit :*Mon fils, vas-tu me pardonner si je parle ?*

Jean Christophe : *Oui, je vais te pardonner.*

Esprit : Monsieur vous voyez ? Il n'est même pas capable de dire "oui papa", un oui simple, parce qu'il ne me considère pas comme son père et c'est quelqu'un d'autre qu'il appelle papa et quand j'entends ça, ma douleur est grande. Et face à cette situation, vous me demandez de pardonner ?

Oui vous devez pardonner, votrefils veut comprendre ce qui s'est réellement passé, expliquez-vous, il va vous pardonner.

Esprit : *A cause d'argent ! Par ce que je n'avais pas d'argent, on m'a privé de mon fils. Ta maman a tout fait pour m'empêcher de te voir mon enfant, "mon bébé ", aujourd'hui tu à 43 ans, tu es devenu un homme. J'ai tout fait pour te récupérer mais rien. Monsieur, est ce qu'on doit faire ça à un être humain ? Même si je n'avais rien c'est moi le père, c'est de ma sueur qu'il est né, c'est mon sang, mon enfant doit manger ce que je mange. Elle a donné mon enfant à un autre parce qu'il était riche et comme j'étais impuissant face à la situation, j'avais décidé de gâter l'enfant, je lui ai lancé une malédiction d'échec pour qu'il échoue partout et dans tout ce qu'il entreprenait afin que et moi et sa mère nous perdions tous. Je suis le père, toute parole que je prononce contre mon enfant l'atteint, sinonmon fils ne m'a rien fait du tout, c'était à cause de la colère envers sa mère.Monfils pardonne moi, je suis venue te libérer de cette malédiction d'échec.*

Tout en pleurant,Jean Christophe répond *: Je pensais que c'était toi qui ne voulais pas de moi ...*

Papa, votre fils vous pardonne, pardonnez maintenant à tous ceux qui vous ont fait du mal, mettez-vousà genoux devant jésus et expliquez-lui toute votre situation, pardonnez à tous,libérez votre cœur, décharge-vous de tousvos fardeaux sur jésus.

Trois minutes après l'esprit dit : *mais, mais je me sens mieux, j'ai pardonné à tout le monde même à la mère de mon fils,mais je vois... je vois la porte s'ouvrir je ne veux pas qu'elle se referme, je peux partir ?*

Non, vousêtes venu aider votrefils, aidez-le, ne vous inquiétez pas, cette porte à été ouverte pour vous, elle restera ouverte.Faites vite pour partir, aujourd'hui même vous quittez la souffrance pour entrer dans le bonheur.

Esprit : *Ok, laissez-moi faire vite pour partir ...*

Il passa les quelques minutes qui lui restait à aider et à donner des conseils à son fils avant de poursuivre son chemin dans l'autre monde.

N'abandonnez pas sur vos défunts, aidez-les !

V- L'INFLUENCE DES ESPRITS MAUVAIS DANS L'UNIVERS VISIBLE

Pendant la vie, l'âme est associée à son enveloppe physique, son corps. Au jour de la mort le corps physique est détruit mais la pensée subsiste obstinément et c'est grâce à cette faculté immortelle que le monde visible et invisible correspond en permanence. Les Esprits agissent fréquemment sur nos pensées et sur nos vies. Qu'on le veuille ou non, que l'on en soit conscient ou pas, cette influence est bien présente et il est donc essentiel de savoir comment ils agissent afin de pouvoir reconnaître leur moyen d'action dans notre vie.Nous sommes sans cesse entourés d'une multitude d'esprits qui, bien qu'invisibles à nos yeux, n'en sont pas moins présents, autour de nous, à nos côtés, observant nos actions, attirés par nos pensées, les uns pour nous faire du bien, les autres pour nous faire du mal, selon qu'ils sont plus ou moins bons. Leurs actions peuvent être positives, s'il s'agit de notre guide (ange gardien) ou d'esprits familiers, ou négatifs pour les esprits que l'on peut dénommer perturbateurs du fait des désagréments ressentis lors de leurs approches.

Dans certains cas juste après la mort, toutes les souffrances de notre monde, l'univers visible sont présentes, les douleurs physiques et morales et toutes les mauvaises habitudes persistent encore, l'envie de manger, de boire, de fumer, toutes les mauvaises habitudes sont encore là. L'esprit errant erre et visite tous les lieux qui lui sont familiers. À certains moments, cet esprit a besoin d'énergie et pénètre à l'intérieur d'un corps physique vivant. En y pénétrant, elle vous fait ressentir toutes ses douleurs et ses mauvaises habitudes. Certaines entités virulentes peuvent prendre possession non seulement de votre corps mais aussi de votre vie. Par exemple, une entité du sexe opposée peut agir de sorte que vous deveniez sa chose et créer des disputes au sein de votre couple, vous poussez à la séparation voire au divorce. Ces entités pompent votre énergie en plus des douleurs qu'elle peut vous faire ressentir. C'est comme faire fonctionner deux voitures avec la même batterie. Les identifier n'est pas toujours facile, ils peuvent être des esprits errants qui cherchent à nous tourmenter ou simplement qui sont là et qui attendent une aide de notre part. C'est à cause de nospéchés, notre mauvaise manière de vivre, le manque de foi, le manque de prière qui fait que les esprits mauvais se plaisent autour de nous. Si vous n'avez pas Jésus-Christ, les esprits mauvais feront de votre vie ce qu'ils veulent.Mais Les choses changent lorsqu'on change de comportement pour devenir de vrais chrétiens.

Je reçois la visite d'une très belle dame pour la prière, à vue d'œil,elle était calme et d'une beauté remarquable, le genre de femme que tout le monde voudrait épouser. Je m'adresse à elle :

Bonjour madame, que me vaut l'honneur de votre visite ?

Hum !... (Silence), je suis fatigué de tout, je suis fatigué de la vie, je ne vais rien vous cacher car je suis maintenant à bout, J'ai déjà pensé à me suicider mais J'aimanqué de courage, je suis devant vous par ce que ma vie n'est que souffrance,maladies ethumiliations. C'est vrai que j'ai un travail, je suis fonctionnaire, J'ai un bon salaire mais le salaire que j'ai, ne me serre qu'à acheter mes médicaments pour me maintenir en vie. J'ai bientôt 40 ans d'âge et je suis toujours seul,

Seul ? Vous êtes seul, qu'est-ce que cela veut dire ?

Hum ! je n'ai pas d'enfant et ce n'est pas ça qui me fait le plus souffrir. Je suis seul veut dire que je n'ai personne dans ma vie, quand les hommes viennent me draguer, je fais tout pour leur plaire mais quelque temps après, ils disparaissent de ma vie sans raison apparent. A cause de la solitude, je me suis très souvent culpabilisé en me promettant à moi-même de bien me comporter à la prochaine occasion mais c'est toujours la même chose et j'ai l'impression qu'ils font l'effort pour m'éviter. Franchement je suis à bout. Je suis chrétienne, je suis choriste, mais j'ai aujourd'hui l'impression que Dieu m'a oublié ...

Ok, vous êtes épuisée mais faisons l'effort deprier un tout petit peu, je sais que la très sainte Vierge Marie va faire quelque chose pour vous aujourd'hui, elle aime tous ses enfants, elle aide, elle délivre et bénit tous ceux qui viennentà elle. Prenez courage et avec votre chapelet prions :

Je vous salue Marie, pleine de grâce, Le Seigneur est avec vous, vous êtes bénie entre toutes les femmeset Jésus, le fruit de vos entrailles, est béni.Sainte Marie, Mère de Dieu, priez pour nous, pauvres pécheurs maintenant et à l'heure de notre mort. Amen

Pendant nous étions en train de réciter la première dizaine du chapelet, les anges nous font venir le coupable, « Lhommefort » qui manipulait la vie de cette femme. Je m'adresse à l'esprit :

Bonjour, qui êtes-vous ?

Esprit *: ...... silence....*

Je reprends :vousêtesfurieux, je vois bien que vousn'êtes pas humain mais un dragon des airs, il ya quel lien entre vous dragon et cette belle dame ?

Esprit *: C'est ma femme*

Votrefemme ?

Esprit *: Oui c'est ma femme*

Je voyais la dame ouvrir grandement les yeux pour me regarder, je détourne mon regard d'elle pour demander àl'esprit : qui vous la donner en mariage ?

Esprit *: Personne*

Elle est déjà épuisée, ce n'est donc pas la peine de nous tourner en rond, je ne gagnerais rien à vous torturer pour vous faire cracher la vérité. Si personne ne vousl'adonné,pourquoi pouvez-vous nous dire que c'est votre femme ? Vous ne pouvez pas l'épouser sans autorisation, expliquez-vous clairement.

Esprit *: Je passais devant l'hôpital lorsque j'ai vu la sagefemme qui portait les restes de l'accouchement pour aller les jeter, j'ai été attiré par le sang qu'elle portait sur les mains et je me suis connecté et voilà comment je suis entré dans le corps du bébé. Quelques jours plus tard la grande mère s'est rendu compte que je vivais dans le corps de sa petite fille, elle m'a demandé de qui je tenais l'autorisation pour vivre dans le corps de sa petite fille. Je lui ai répondu que j'avais beaucoup de pouvoir et que je pouvais faire d'elle une grande sorcière. Lagrande mère avait été intéressé par ma proposition et m'avait autorisé et resté dans le corps de sa petite fille. Huit (8) jours plus tard elle m'avait envoyé tout ce que je lui avais demandé : un œuf, 3 graines d'arachide fraiche et une boite de lait non concentre sucrer pour légitime ma présence. C'est ainsi que le mariage entre elle et moi fut fait. Elle avait 8 jours d'âge.*

Pourquoi avez-vousdemandé l'œuf, les graines d'arachide et la boite de lait ?

Esprit *: Elle était bébé, je ne pouvais pas demander un poulet, c'est pourquoi j'ai fait cette demande sinon l'œuf que sa grande mère m'a remis symbolise tout le bonheur qu'elle doit avoir toutesa vie durant,je détiens donc son argent, tous ses biens et bénédictions. Voyez-vous ? Je suis gentil je lui ai donné un travail pour ne pas qu'elle dépende des hommes.*

Continuez, expliquez tout...

Esprit *: Les graines d'arachides fraiche s'était pour consolider le mariage et la boite de lait pour tracer sa route, je peux la retrouver partout où elle se retrouve sur la terre, qu'elle parte au Ghana, en chine, en France ou en inde c'est la même chose pour moi je peux facilement la retrouver.*

Ok, vous l'avez épousé. Maisà partir de quel âge avez-vous réellement fait d'elle votre femme ?

Esprit *: J'ai attendu qu'elle ait 12 ans pour coucher avec elle, tout le reste du temps je la suivais et la protégeait.*

Elle aura bientôt 40ans, combiend'enfant luiavez-vousfait ?

Esprit *: Elle a quatre (4) garçons avec moi.*

Je jette un coup d'œil vers la femme, j'ai été surpris de la voir sourire. Le fait d'entendre qu'elle avait quatre (4) *enfants* la mettait en joie, j'ai compris qu'elle était vraimentdésespérée, je m'adresse donc à elle, Madame les quatre enfants doivent mourir, avec votre permission je veux les supprimer par ce que leur existence constitue une menace pour vous. Ce sont des hybrides, vousne les voyez pas mais eux ils vous voient et vous suit partout ...

Tout à coup l'esprit se jette aux pieds de la dame pour la supplier ;

Esprit *:pardon ne les tue pas, ce sont nos enfants, pardon ne fait ça ;*

La femme confuse ne savait quoi dire, il m'a fallu du temps pour lui expliquer que c'était dans son intérêt de faire mourirses enfants spirituels. Je me retourne vers le démon, pour en savoir plus sur comment il arrivait à faire fuir les hommes qui voulait épouser cette femme et il me répond :

Esprit *: vous qui êtes humain, pouvez-vouslaisser un autre homme draguer votre femme sans réagir ? Moi j'aime ma femme et je ne peux pas laisser quelqu'un lui tourner autour. Quand un homme veut d'elle, je lui fais d'abord des menaces, je gâte son travail, ses affaires, ses relations et tous ce qui peut vraiment l'affecter pour lui faire mal mais s'il insiste pour avoir ma femme à ses côtés, je le tue et on n'en parle plus.*

Parlez-moi maintenant de sa santé.

Esprit *: Rire, le démon se met à rire,...Elle m'appartient, c'est ma femme, quel homme voudrait épouser une femme qui est tout le temps malade ? Je manipule sa santé pour empêcher les hommes de s'intéresser àelle sinon elle n'est pas malade,*Il se met encore àrire,..et se tourne vers la femme pour lui demander *:* depuis *tu te soignes, est-tu une fois guéris de ta maladie? Je mets la maladie sur toi, j'enlève la maladie quand j'en ai envie et si un autre garçon te tourne autour je remets une autre maladie pour le décourager, c'est par ce que je t'aime que je tefaiscela.*

Je me tourne vers la femme pour lui demander : avez-vous des questions à poser àcetesprit ? Elle me répond :

Femme :*Je suis déjà dépassé par tout ce que j'entends, je n'ai pas de question, maintenant quetout me revient à l'esprit, je comprends mieux tout ce qui s'est passé, je veux être délivré pour entrer dans mes bénédictions.*

Je m'occupe à d'abord faire le divorce puis jedemande à l'espritde faire la réparation et la restitution de tout ce qu'il a volé d'elle. La délivrance fut faiteet je précipitais l'esprit dans les lieux arides, suivit de quelques conseils à la femmepour ne plus jamais tomber dans les pièges des esprits méchants.

Voyez comment les esprits influences nos vies, croyez-moi ce cas n'est pas un cas isolé, tous les jours ou presque j'ai à faire ce genre de délivrance. C'est pourquoi je vous demande de regarder dans vos familles, vous trouverez quelqu'un qui vit un problème similaire. On entend souvent parler de femmes de malheur par ce qu'elles ne portent pas chance, on les traite à tort de sorcières alors qu'elles-mêmes ne comprennent pas ce qu'elles vivent. Dans les saintes écritures le cas de Sara est un exemple qui montre clairementl'influence négative des esprits méchants dans nos vies : « *je l'ai déjà donné en mariage successivement à sept de nos frères Israelites et ils sont tous mort durant la nuit de noces quand ils ont voulu s'approcher d'elle*» Tobit 7.11 ...

«*En effet, Sara avait été marié sept fois mais chaque fois, l'affreux démon Asmodée avait tué le mari avant qu'il puisse s'unir à son épouse comme il se doit* » Tobit 3.8

Sachez que les femmes ne sont pas les seules victimes de ces phénomènes démoniaques. ¨Femmes¨, il y a des hommes avec qui, vous ne devez jamais avoir des rapports sexuels malgré leur richesse au risque de tout perdre dans votre vie et même votre dignité si ce n'est pas la mort prématurée qui vous frappe en premier.

Ce second exemple me permet de vous montrer jusqu'où peut aller l'influence du monde spirituel sur notre monde matériel. Ne sous-estimez surtout pas l'influence du monde spirituel sur le monde visible. Que nous en soyonsconscients ou pas, nous sommes influencés d'une manière ou d'une autre par les esprits bon ou mauvais. Il arrive même que les défunts qui ont du mal à accepter la séparation avec leur famille, bien qu'invisible, reviennent participer à la vie de la famille.

Un jour dans le monde des pandémoniums, avec les membres de son groupe, un esprit humainsataniquedéjà mort se mit à parler de sa famille qu'il avait laissée sur la terre. Il se plaignait d'avoir laissé une femme et des enfants à la surface de la terre car il avait constaté que sa femme et ses enfants étaient en train de souffrir. Il se sentait donc dans l'obligation de faire quelque chose pour eux, afin d'apaiser et soulager leurs souffrances. Il s'agit ici des personnes qui sont mortes et enterrées de manière officielle, mais elles ont la capacité d'opérer spirituellement et physiquement à la surface de la terre. Partant du fait que sa femme et ses enfants souffraient sur la terre, il a écrit une lettre à sa femme et il plaça de l'argent dans l'enveloppe, puis il se rendit chez elle et il posa l'enveloppe à la porte de la maison où sa femme et les enfants vivaient.Quand sa femme se réveilla ce matin-là, elle trouva l'enveloppe à la porte. Elle l'ouvrit et elle vit un paquet de dollars américains et une lettre. Elle ouvrit la lettre et remarqua l'écriture de son défunt mari, elle fut étonnée. Puis elle se mit à lire la lettre de son mari qui disait ceci : 'Chérie, je suis ton mari. Je sais que vous souffrez, toi et les enfants, raison pour laquelle je vous ai envoyé cet argent pour que tu puisses prendre soin de mes enfants. Il ne faut pas avoir peur car je ne suis pas mort, je vais bien là où je suis. Prends l'argent et prends soin des enfants."

La femme eut peur, elle prit l'enveloppe et se rendit chez son pasteur. Elle expliqua que son mari était déjà mort il y a des années, mais qu'il lui a envoyé cette lettre et cet argent, mais elle a peur de l'utiliser. Le pasteur avertit cette femme que cet argent était dangereux.Malheureusement, ce pasteur garda cet argent mystique et l'utilisa pour ses besoins. En fait il a partagé cet argent avec d'autres pasteurs et ils les ont utilisés pour leurs besoins.Or tout ce qui se passait avait été observé depuis le royaume sous-marin dans le monde des pandémoniums, et l'esprit humain satanique n'était pas content de voir ces pasteurs cupides jouir de son argent. Il a vu que sa femme et ses enfants n'ont pas bénéficié de son argent, alors aidé par son groupe, il a attaqué ces pasteurs par accident de circulation et ils sont tous morts.
Plus tard, l'esprit humain satanique a de nouveau voyagé à la surface de la terre avec une autre enveloppe et il la déposa devant la porte de la maison de sa famille avec pour contenu cette note : "Chérie, si vous ne voulez pas utiliser mon argent, laissez mes enfants profiter de mon argent. Permettez-moi de vous informer que je suis celui qui a tué ces pasteurs qui sont morts dans un accident de la circulation, parce qu'ils ont dépensé mon argent pour leurs besoins."
Pour une deuxième fois, cette femme s'est renduechez un autre pasteur avec l'enveloppe contenant une forte somme d'argent. Lorsque ce pasteur a lu la partie de la lettrequi parle de la mort des pasteurs par accident, il a eu peur et ne voulait ni garder ni même toucher cet argent. La dame est retournée à la maison avec l'argent qu'elle a utilisé pour prendre soin des enfants, et rien de mauvais ne leur est arrivé. Alors c'était devenu une habitude pour cet esprit humain de déposer une enveloppe et de l'argent pour sa femme et ses enfants chaque semaine. La conséquence était que cette femme ne pouvait plus se marier, car son mari qui était déjà mort s'occupait toujours d'elle. Tous ceux qui essayent de s'unir avec cette femme en mariage meurent.

Que l'on ne croie pas que cet exemple est isolé, de nombreuses personnes vivent ces réalités mais n'osent pas en parler. Il y a aussi despersonnes quientendent régulièrement une petite voix qui les conseille pour les choses simples de la vie ou pour éviter un accident.Parmi les esprits qui nous entourent, il en est qui s'attachent à nous, qui agissent plus particulièrement sur notre pensée, nous conseillent, et dont nous suivons l'impulsion à notre insu. Ainsi les Esprits malins aiment à rire et se moquer. Certaines personnes aiment plaisanter au détriment d'autrui et parfois même, l'alcool aide à débrider les langues et à embrumer les cerveaux. Les espritsmauvais profitent de ces moments d'inattention pour se faufiler dans les paroles. Ainsi tel qui croit dire une bonne plaisanterie aux personnes qui l'entourent se trompe souvent lorsqu'il croit que cela vient de lui. Il s'ensuit que ce que nous disons ne vient pas toujours de nous et que nous pouvons blesser ceux qui nous entourent par nos paroles.La vigilance dans nos actes et nos pensées doit être de tous les instants afin d'éviter de faire le mal. L'homme est soumis à des suggestions externes à lui-même et quand il ferme l'oreille à la voix de sa conscience ou à celle d'un bon Esprit, il subit l'influence d'un mauvais car il est vrai que la nature a horreur du vide. A travers ces exemples, on comprendra la nécessité, dans un premier temps, de s'instruire et de comprendre toute l'étendue de l'intervention des esprits, puis la nécessité de lutter contre l'influence des mauvais et de se rapprocher le plus possible des bons.

V-1 : Comment les esprits agissent sur nous ?

Les entités négatives peuvent être des agents humains sataniques morts ou vivants,des démons ou des esprits errants en souffrances qui cherchent désespérément à vous faire du mal.Ils sont libres dans leurs actions, conscienteset responsables de leur acte. Ils sont déterminés et audacieux.Quand il s'agit de vous nuire et de vous détruire, ils ne manquent pas d'imagination et useront de tout leur pouvoir satanique pour vous réduire à néant. Si vous n'avez pas Jésus Christ comme seigneur et sauveur, sachez que vous êtes à leur merci. Heureusementque « *le fils de Dieu est apparu précisémentpourdétruireles œuvres du diable* » 1jean3, 8.

Voici ici détaillée les techniques d'influence des entités négatives sur nos pensées, nos actions et les événements de notre vie :

- Ils cherchent à déséquilibrer psychologiquement la victime.

Les ennemis et adversaires peuvent utiliser les sentiments de culpabilité de la personne qu'ils tourmentent, notamment en utilisant sa culpabilité sur des faits vécus, ils peuvent aussi exploiter l'immaturité psychique de la victime. Les personnes peu sures d'elles, egocentriques, instables et matérielles peuvent ne pas avoir suffisamment de repères (spiritualité, idéal, etc....) et avoir un psychisme plus proche de l'enfant. Ces esprits méchants peuvent utiliser des suggestions négatives répétées qui vont se fixer dans l'esprit de leur victime. "Je ne vaux rien, Je suis nul, je suis née pour accompagner les autres, je suis fou etc..." Ils vont essayer de redonner vie, de ranimer des clichés mentaux, remettre "en avant" des idées négatives. Ils peuvent également exploiter les vices de la victime et encourager la victime vers la " mauvaise pente " : dérèglement des habitudes, tendance aux vices, alcool par exemple et/ou de la sexualité (sexualité irrégulière). Ils vont aider la victime à se souvenir d'événementsdouloureux passés, que cela soit pendant le sommeil ou par des clichés mentaux.

- Exploitation de tout ce qui peut déséquilibrer la victime du point de vue physique.

Les esprits méchants vous rendent malade et Influencent sur les diagnostiques des médecins. La bible nous demande de prier sans cesse (1Thes5, 17). Quel que soit le mal dont vous souffrez, priez toujours avant d'aller consulter un médecin.Vos ennemis et adversaires peuvent profiter de votre manque de vigilance pour créer des situations capables de provoquer des accidents, surtout si vous êtes déjà de mauvaises humeurs.

- Exploitations d'événements matériels ou affectifs pour déstabiliser la victime.

Lorsque vos ennemis et adversairessont habiles et conscients de leur capacité, ils préparent par avance et méticuleusement un événement et choisit un événement qui devra se produire dans un futur proche. Cet événement fera abaisser brusquement la bonne humeur de la personne visée et sa protection, par exemple, la personne victime va rencontrer une déception amoureuse ou elle va passer une crise professionnelle imprévue ou va avoir une déception affective. Ils vont créer des obstacles affectifs pour éloigner les compagnons les plus proches en utilisant : l'ingratitude, la calomnie, la raillerie, l'inquiétude, les difficultés, la solitude, le mépris...

- Empêchement de l'élévation spirituelle de la victime.

Les ennemis et adversaires vont agir sur leur victime au cours de la prière, pendant les lectures de la bible. Ils peuvent lui induire des idées négatives, le souvenir des problèmes auquel elle est confrontée pour préoccuper son esprit et ainsi empêcher une bonne disposition. Être totalement disposé pour la prière permet à Dieu de nous visiter afin de nous délivrer des mauvais esprits. Lesesprits méchants peuvent aussi provoquer le sommeil. Ils arrivent très souvent que ces esprits utilisent d'autres esprits pour influencer la victime, Notamment si " l'homme fort" ne veut pas rester constamment sur sa victime.

- Action pendant le sommeil de la victime

Les adversaires peuvent utiliser le sommeil en profitant du dédoublement (sortir du corps) qui peut se produire pour attaquer la victime. Ils peuvent utiliser des suggestions pernicieuses et trompeuses pour modifier le comportement de la victime plus tard lorsqu'elle sera réveillée. Ils profitent de cet état de dédoublement pour provoquer l'absorption de fluides néfastes et pour l'influencer par la remémoration d'expériences douloureuses du passé ou de séjours dans les régions obscures du monde spirituel.

- Action indirecte par utilisation des proches de la victime.

Ne réussissant pas à influencer la victime par une action directe par ce que cette dernière est en train de grandir spirituellement, Les ennemis et adversaires vont utiliser un proche, un familier (plus couramment le conjoint) :

- ✓ Pour l'inspirer et l'amener à exiger plus d'attention personnelle, l'embarrassant avec ses problèmes, le conduisant et l'accompagnant dans l'oisiveté.
- ✓ Pour chercher à augmenter sa charge, l'occupant tout le temps, de façon à lui ôter le temps libre pour prier.

En cas de résistance de la victime, ils vont chercher à l'atteindre par l'intermédiaire dequelqu'un de proche du point de vue affectif, un familier surtout ceux qui ont des dettes financières ou moral.

- Utilisation de la mystification pour tromper la victime

L'esprit méchant peut se présenter comme un guide, se faisant passer pour un bon esprit, il pourra favoriser des phénomènes paranormaux afin d'acquérir la confiance pour ensuite donner des orientations inopportunes.

- Préparation d'actions étudiées et organisées

Ils intensifient leurs attaques lorsque la victime commence à développer sa réforme intime avec Jésus-Christ.

Lorsque la victime recherche l'assistance spirituelle,ses ennemis et adversaires utilisent deux (2) types de recours :

- ✓ Ils utilisent des techniques plus agressives pour décourager la victime
- ✓ Ils feignent la liberté pour pouvoir procéder le moment le plus propice à l'assaut fatal et faire triompher leurs tristes plans qui consiste à supprimer la victime.

- Actions post mortem

Les ennemis et adversaires vont exploiter les prédispositions morbides de la victime. Ils vont agir de façon à créer les conditions pour dominer la victime après la désincarnation. Ils vont préférer provoquer la chute morale de la victime de préférence au suicide.

V-2 : Cas de la possession

La possession démoniaque est la plus dangereuse. Elle peut avoir des conséquences irréversibles sur la personne et sa famille. La manipulation de l'entité est telle que la victime n'est plus maître de son corps, de ses pensées et de ses mouvements (ses gestes). Elle est complètement asservie par l'entité qui a pris possession de ses moindres faits et gestes. En cas de crise, qui peuvent être d'une rare violence, je vous conseille d'entraver la victime. Ceci pour sa propre sécurité ainsi que le vôtre.

Les symptômes de la possession sont les suivantes : le possédé alterne des états de calme et de crise. On peut comparer l'état de transe à une crise d'épilepsie ou d'hystérie. Les crises peuvent se manifester de dives manières : rage, voix déformées, insultes, menaces, grognements. Il peut s'exprimer en langue inconnue. Le possédé se bat et peut essayer de se faire du mal ou attaquer les personnes en présence. Éloignez les objets dangereux, tout ce qui peut couper ou blesser, tous les objets à proximité immédiats. Vous n'êtes plus en présence de la personne que vous connaissez mais d'un individu qui peut être extrêmement dangereux. Cependant en période de calme, le possédé retrouve sa personnalité. Le seul recours ici c'est la délivrance ou l'exorcisme.

Le seul propriétaire d'un corps est l'esprit qui l'y habite depuis toujours. A partir du moment où il y a une incorporation, l'esprit de la personne concerné quitte le corps et laisse une enveloppe vide qui permet à un esprit hôte de l'incorporer. En règle générale, la personne est consentante et cela se passe relativement bien mais il faut rester très prudent car un esprit hôte pourrait vouloir rester dans ce corps.

Une possession est toute autre, l'entité qui va forcer uneincorporation devra être très forte sur le point énergétique et sera très maline son but sera de faire douter la victime ainsi que ceux qui l'entourent par la peur et l'effroi.

Toute personne est susceptible de se faire incorporer, voire posséder mais cela demeure extrêmement rare. Contrairement aux idées reçues, il n'y a pas que les personnes ferventes en une croyance qui sont susceptible de se faire attaquer de la sorte. Beaucoup de personnes dites athées ont eu mal à partir avec des entités néfastes. Pourquoi ?Il faut d'abord y voir le passé des victimes. Soit cela est dû à un acte perpétré dans le passé par la victime elle-même ou par ses parents. Soit cela peut être lié à une "forme d'esclavage" que subit l'esprit qui s'est incarné. Il faut savoir que certaines entités asservissent d'autres entités et qu'après être parvenues à se libérer, ces victimes peuvent alors trainer derrière elle une sorte de signature qui permettra à un esprit de les retrouver une fois réincarner.

Les esprits ditdémoniaques sont des esprits trèsinférieurs etagissent en grand nombre multipliant ainsi leurs forces. Il n'est pas permisà un esprit d'entrer dans un corps comme bon lui semble, il lui faut l'autorisation de l'hôte. Si ce dernier ne le souhaite pas, l'esprit va alors forcer les choses en procédantà des attaques psychologiques et physiques en masse jusqu'à ce que la personne cède et laisse cette entité entrer en elle. La force mentale devient déterminante. Les personnes qui se fontposséder sont toujours des cibles et ne sont pas prisent au hasard. Il y a toujours un but, une logique mais la compréhension dépasse souvent l'entendement pour l'humain.

Conclusion

La mort n'est que le passage vers une autre vie, une autre dimension, le retour vers notre demeure, la seule vraie. Elle est la renaissance de l'âme, qui se dépouille de l'enveloppe qui lui a servi un temps et qui laisse derrière elle tout le matériel qui ne lui sert plus à rien.Ceux qui craignent la mort sont ceux qui ne comprennent pas ce processus, ceuxqui ne vivent que pour eux même etpour ceux qui les entourent physiquement, sans penser à leur âme qui n'est pas conçue pour rester indéfiniment sur la terre, mais pour y passer, pour vivre des expériences, évoluer, cheminer, mieux comprendre, vivre les vraies valeurs et en connaître les différences.L'âme ne vient que pour cheminer dans l'Amouret devenir tout Amour car elle sait que l'Amour est la seule grande valeur devant Dieu, ce qu'elle doit acquérir parfaitement, sans réserve, pour échapper aux souffrances de l'enfer.

La mort est un moyen qui nous fait passer de l'univers visible à l'univers invisible tout en laissant derrière nous notre enveloppe corporelle. Mais pourquoi craindre la mort quand elle n'est que le prolongement de la vie ?

De même qu'il existe des lois, des principes, des valeurs, des normes à respecter dans le monde visible, il en est de même pour le monde invisible. Il est vrai que nous n'avons pas choisi nous même le lieu où la famille dans laquelle nous sommes née mais nous avons cette fois la possibilité et le devoir de choisir le lieu, là où nous voulons passer l'éternité après la mort alors faites le choix aujourd'hui et maintenant carLe véritable problème n'est pas de mourir, mais de savoir où est-ce que vous irez après la mort ?

Prenons le cas d'un homme qui pratique le bien en agissant de manière juste et honnête. Il ne participe pas à des repas sacrés sur les montagnes, il ne rend pas de culte aux sales idoles des Israélites. Il ne déshonore jamais la femme d'un autre et il n'a pas de relations avec une femme pendant ses règles. Il n'exploite ni ne vole personne, il restitue le gage fourni par son débiteur, il donne du pain à qui a faim et des habits à qui en manque. Il ne prête pas son argent pour en retirer un intérêt ou un profit. Il ne se rend pas complice de l'injustice mais prononce des jugements impartiaux. Il obéit aux règles et aux lois que j'ai établies, en agissant loyalement. Eh bien, moi, le Seigneur Dieu, je l'affirme, un tel homme pratique vraiment le bien et il vivra.

« Supposons que cet homme ait un fils qui pille, tue et commette toutes sortes d'actions de ce genre. Contrairement à son père, il participe aux repas sacrés sur les montagnes, il déshonore la femme des autres, exploite les pauvres et les défavorisés, vole les gens, ne restitue pas les gages fournis par ses débiteurs. Il s'adonne au culte des idoles et commet à cette occasion des actions abominables. Il prête son argent pour en retirer un intérêt ou un profit. Un tel homme doit-il vivre

?Sûrement pas ! Il a commis tous ces actes détestables ; il mourra donc et sera lui-même responsable de sa mort ».

« Supposons qu'il ait à son tour un fils. Ce fils a vu toutes les mauvaises actions commises par son père, mais il ne suit pas son exemple. Il ne participe pas à des repas sacrés sur les montagnes, il ne rend pas de culte aux sales idoles des Israélites. Il ne déshonore jamais la femme d'un autre. Il n'exploite ni ne vole personne et il n'exige pas de gage de ses débiteurs. Il donne du pain à qui a faim et des habits à qui en manque. Il ne se rend pas complice de l'injustice. Il ne prête pas son argent pour en retirer un intérêt ou un profit. Il obéit ainsi aux règles et aux lois que j'ai établies. Cet homme n'a pas à mourir pour les fautes de son père : il conservera assurément la vie. C'est son père qui a opprimé, vole et maltraité les gens autour de lui ; c'est donc lui qui mourra pour ses fautes ».

« Vous demandez pourquoi le fils ne supporte pas les conséquences des fautes de son père ? Eh bien, c'est parce qu'il a agi conformément au droit et à la justice et qu'il a obéi à toutes mes règles. Il vivra donc. C'est la personne coupable qui doit mourir. Les enfants n'auront pas à payer pour les fautes de leurs parents ni les parents pour les fautes de leurs enfants. L'homme de bien sera récompensé d'agir avec justice et le méchant sera puni pour le mal qu'il fait »

« Si un méchant renonce à ses mauvaises actions, s'il se met à obéir à mes règles et à agir conformément au droit et à la justice, il n'aura pas à mourir, assurément il vivra. Tous ses torts seront oubliés et il vivra grâce au bien qu'il pratique. Pensez-vous que j'aime voir mourir les méchants ? Je vous le déclare, moi, le Seigneur Dieu, tout ce que je désire, c'est qu'ils changent de conduite et qu'ils vivent. Par contre, si un homme juste renonce à se conduire bien, s'il se met à agir de manière aussi abominable que les méchants, pensez-vous qu'il pourra vivre ? Sûrement pas ! Toutes ses bonnes actions seront oubliées. Il mourra à cause de son infidélité et du mal qu'il commet. Vous dites : "Le Seigneur va trop loin !" Écoutez-moi bien, vous, les Israélites : Est-ce moi qui vais trop loin ? N'est-ce pas plutôt vous qui passez les bornes ? Si un homme juste renonce à se conduire bien, agit mal et meurt, il meurt à cause du mal qu'il fait. Si au contraire un méchant renonce à sa mauvaise conduite et se met à agir de manière juste et honnête, il sauve sa vie. Il peut continuer à vivre, puisqu'il s'est rendu compte de ses mauvaises actions et y a renoncé ; il n'y a plus de raison qu'il meure. Mais vous, les Israélites, vous dites : "Le Seigneur va trop loin !" Eh bien non, ce n'est pas moi qui vais trop loin, c'est vous qui passez les bornes ! Pour ma part, je jugerai chacun de vous selon sa propre conduite, je vous l'affirme, moi, le Seigneur Dieu. Changez donc de vie, détournez-vous de tout le mal que vous faites, ne laissez plus aucune faute causer votre perte. Renoncez aux mauvaises actions que vous commettez, transformez vos cœurs et vos esprits. Pourquoi voudriez-vous mourir, Israélites ? Vraiment je l'affirme, moi, le Seigneur Dieu, je ne veux la mort de personne. Détournez-vous du mal et vivez !». Ezéchiel 18,5-32

Printed by Books on Demand GmbH, Norderstedt / Germany